여러 친구들이 모여 다양한 질문을 가지고 각가지 방법으로 자신만의 답을 찾아가는 과정을 담아낸 책. 자기 주변에 관심을 갖고 함께 잘 살아가기 위해 자신들의 생각을 행동으로 실천하는 학생들의 모습을 볼 수 있어 무척 즐겁다.
— 김재훈(서해고등학교 교사)

여기 이 아이들은 눈을 크게 뜨고 귀를 활짝 열고서 자신을 둘러싼 환경을 바라본다. 문제점이 보이면, 두 팔 걷어 해결해 나가려고 한다. 그 과정이 다소 울퉁불퉁하더라도 그 안에서 이루어지는 아이들의 성장은 놀랍다. 이 책은 멋진 환경 운동가가 되어 가는 아이들의 노력과 땀으로 가득한 성장 일기이다.
— 안아라(상도초등학교 교사)

학생 스스로 묻고 해답을 찾아가는 시간의 흔적이 모여 있는 이 책 속에는 지구를 향한, 사람을 향한 따뜻한 마음이 가득하다. 지금보다 조금 더 나은 세상을 꿈꾸게 만드는 학생들의 시선이 아름답다.
— 오순이(청계초등학교 교사)

2012년 갈라파고스의 한 연구소에서 외로운 조지는 숨을 거뒀다. 이제 지구상 어디에서도 핀타코끼리거북을 만날 수 없게 되었다. 핀타코끼리거북을 살리기 위해 애쓰던 조지의 친구들은 뜨거운 눈물을 흘렸다. 인간은 참 어리석다. 한쪽에선 파괴에 열을 올리고, 한쪽에선 회생에 피땀을 쏟는다. 그렇다면 과연 우리의 교육은 지금껏 어느 쪽에 발을 담그고 있었을까? 입시 경쟁 속에서 숨 가쁘게 돌아가는 우리 교육의 민낯은 파괴였을까, 상생이었을까? 분명한 것은 이제 여기, 용감하게 팔을 걷어붙이고 더불어 사는 삶에 뛰어든 친구들이 있다는 것이다. 이 책은 그들의 작고 위대한 시작을 알리는 신호탄이자 더불어 살고자 하는 교육의 희망가이다.
— 이태규(숭신여자고등학교 교사)

나중에 행복해지려면 지금 잠자는 시간을 줄여 공부해야 한다고 어른들은 말한다. 세상 사람들에게 필요한 큰일은 너 말고도 할 사람이 많으니 너는 공부나 하라고 한다. 하지만 세상을 위한 진짜 공부는 따로 있다. 내 주변에서 질문을 찾아 원인을 알아보고 내 이야기를 풀어 가는 것. 이렇게 진짜 공부를 향해 한 걸음씩 나아가는 친구들이 있다. 시작과 끝이 엉뚱하게 다르더라도 성장하는 모습이 보기 좋다. 이 아이들이 어른이 된 세상이 궁금하다.
— 정종호(백운고등학교 교사)

이 책은 교사들이 지난 3년 동안 학생 프로젝트 활동에 함께 참여하면서 학생 중심의 프로젝트 활동은 어떤 모습이어야 하는가에 대해 고민한 결과물이다. 만약 당신이 가장 쉬운 프로젝트 진행 방법을 알고 싶다면 이 주제와 관련된 다른 책들을 보면 된다. 하지만 만약 당신이 학생 중심의 가장 바람직한 프로젝트에 대해 알고 싶다면 지금 이 책을 보라.
― 조성화(수원시 기후변화체험교육관 관장)

"고양이 따라다니고, 교실에 남아서 같이 놀고, 과자만 먹었는데 연구원이 됐어요!" 프로젝트를 끝내며 아이들이 했던 말이다. 아이들과 함께하며 진짜 배움은 길고양이들처럼 길 속에, 풍경 속에 녹아 있다는 것을 깨달았다. 새내기 교사에게 큰 가르침을 준 파랑파랑 아이들에게 감사의 인사를 보내며, 프로젝트를 시작하는 모든 연구원들에게 공감과 응원을 보낸다.
― 허나겸(파장초등학교 교사)

프로젝트라는 걸 해 본 적 없는 선생님들과 뭐가 뭔지도 모르고 어쩌다 보니 프로젝트를 하게 된 아이들이 함께 성장하는 이야기가 개울같이 재밌다. 프로젝트 수업은 학생에게도 어려운 일이지만, 공부를 하지 않은 지 오래된 교사에게도 힘들긴 매한가지. 그런데 그 과정까지 소개하다니 '이거 나도 할 수 있겠는데?' 하는 생각이 절로 든다.
― 허진만(삼일상업고등학교 교사)

저는 결과만으로 판단하기보다는 그 결과가 탄생하는 스토리에 더 관심을 기울입니다. 그래서 저는 지속가능발전 프로젝트의 진행 과정이 생생하게 담겨 있는 이 책을 아이들에게 권해주려 합니다. 진짜 세상을 배우고 싶은 학생들에게 여러 가지 제안보다 이 책 한 권이 도움이 되리라 생각하기 때문입니다.
― 황상일(수원시 기후변화체험교육관)

프로젝트를 진행한 팀들의 활동 과정을 눈여겨보자. 엉뚱한 발상에서 미래를 위한 대안이, 재미난 활동에서 변화를 위한 실천이 보인다. 그동안 무관심했고 무심코 지나쳤던 내 주변, 우리 마을, 더 나아가 지구까지 우리의 작은 관심과 실천이 가져올 변화가 기대된다. 이 책이 많은 친구들에게 읽히고 베스트셀러까지 되면 좋겠다. 그래야 더 많은 친구들이 프로젝트에 관심을 갖고 참여할 수 있을 테니까.
― 황은실(서호중학교 교사)

포기하지
않아,
지구

포기하지 않아,

포기하지 않아, 지구
내 맘대로 하는 지속가능발전 프로젝트

1판 3쇄 발행 2022년 3월 30일 | **1판 1쇄 발행** 2018년 5월 23일

기획 지구나눔연구소·수원시 기후변화체험교육관 두드림 | **지은이** 이하나 | **그린이** 신병근
펴낸이 임중혁 | **펴낸곳** 빨간소금 | **등록** 2016년 11월 21일 (제2016-000036호)
주소 (01021) 서울시 강북구 삼각산로 47, 나동 402호 | **전화** 02-916-4038
팩스 0505-320-4038 | **전자우편** redsaltbooks@gmail.com
ISBN 979-11-959638-8-1 73300

• 책값은 뒤표지에 있습니다.

지구

지구나눔연구소·수원시 기후변화체험교육관 두드림 기획 | 이하나 지음

빨간소금

 **머리말**

모험을 시작하며

이 책은 여러분의 이야기입니다. 초등학교 5학년부터 중학교 1학년까지, 여러분 또래의 학생들이 학교를 비롯한 주변 공간에서 궁금했던 것에 관해 연구하며 겪은 일을 자세히 풀어 썼으니까요. 여러분 가까이에 있는 놀이터, 운동회나 소풍 때 한 번 입으려고 해마다 새로 맞추는 반티, 부쩍 외모에 관심이 많은 중학생의 화장품 사용 문제, 우리 아파트와 바로 옆 아파트의 갈등, 길거리를 배회하는 고양이와 같은 문제가 학생들의 연구 주제입니다. 학생들은 여러분도 한 번쯤 고개를 갸웃했을 이러한 주제를 연구하며 파고들었고, 이 책에 그 과정을 생생하게 담았습니다.

연구를 하며 학생들은 즐거웠습니다. 답이 정해져 있지 않은 문제라서 그렇습니다. 답이 정해져 있지 않으므로 맞고 틀리는 것을 신경 쓰지 않아도 되고, 그러니 자신들이 만들어 낸 결과와 과정 모두를 기꺼이 있는 그대로 이야기할 수 있었습니다.

아이들의 프로젝트 연구는 점수를 받기 위한 교육이나 한 번의 경험으로 끝나는 체험 학습도 아닙니다. 생활 주변에서 찾은 아주 작은 문제에 관한 사소한 고민과 생각의 작은 덩어리를 모은 것입니다. 작은 덩어리지만, 한 번 뭉쳐진 이상 그냥 흩어지지 않습니다. 이 덩어리들은 머릿속을 이리저리 굴러다니며 큼직해집니다. 분명 한 번 조금 깊이 생각해 보고 넘어간 것뿐인데 그것은 어느새 덩어리가 되어 있습니다. 마음을 두드리는 그 덩어리 때문에 길을 걷다가 문득 멈춰 서기도 합니다. 그리고 이 생각들은 언젠가 예상치도 못한 모습으로 빚어져 나타납니다.

프로젝트란 이런 식입니다. 어떤 형태의 무엇이 만들어질지 모르는 채 작은 생각의 덩어리를 뭉쳐 가는 일입니다. 재료는 주위를 둘러보며 모은 생각의 조각입니다. 이 조각에 재미있는 질문을 덧붙이면 덩어리가 됩니다. 그 덩어리를 이쪽저쪽으로 굴립니다. 처음부터 엄청난 작품을 계획했거나 무엇을 만들겠다고 정해 놓고 시작하지 않았으므로 어떤 모양이 나오건 재미있습니다. 조금 찌그러지거나 다듬어지지 않아도 괜찮습니다. 우리가 만들었고, 그 시간이 의미 있으니까요.

자, 이제 어떤 생각의 덩어리들이 굴러다녔는지, 또 여러분은 어떤 생각의 덩어리를 뭉칠 수 있을지 알아볼 시간입니다. 사소하지만 멋진 프로젝트의 이야기 속으로 모험을 떠나 봅시다.

지구나눔연구소 멘토들을 대신해서
서강선

이 책의 활용법

이 책은 멋진 결과물을 드러내는 것이 아니라 어떻게 연구했는지 그 과정을 보여 줘요. 그러니 연구 결과를 평가하지 말고, 연구 과정에서 어떤 일을 겪었는지, 그리고 문제가 생기면 어떻게 해결했는지 살펴 주세요. 자신의 팀이 연구하는 과정에서 이런 문제에 부딪히면 어떻게 헤쳐 나갈지 함께 고민하면 좋겠어요.

어떤 질문으로부터 프로젝트가 시작되었는지 살펴보세요. 그 질문이 프로젝트 내내 이어지는 경우도 있고, 질문이 처음보다 작아지거나 커지는 경우도 있어요. 어떤 질문으로 생각의 덩어리를 이어 붙이는가에 따라 질문의 모양이 달라지지요. '나라면 어떤 질문을 할 수 있을까?' 생각해 봐요.

이 책을 도전의 배경 음악으로 삼아 주세요. 여러분도 이런 프로젝트를 진행할 수 있어요. 비슷한 관심사를 가진 친구들이 모여 '이거 재미있겠는데?'라고 생각되는 질문을 찾아내면 돼요. 답을 찾아 가는 과정에서 실패해도 괜찮아요. 잘, 심지어 재미있게 실패하면 멋진 이야기가 되거든요. 좋은 답을 건져 내는 일은 어른들에게 맡겨도 돼요. 여러분은 두려워하지 말고 기꺼이 실패하며 그 과정을 기록해 보세요.

머리말 모험을 시작하며   4
이 책의 활용법   7

포기하지 않아, 고양이!   11
인포그래픽 만들기   45

200개의 생수통   47
주제 정하기   78

놀이터는 외로워   79
브레인스토밍하기   116

네 얼굴에 부는 바람   117
스티커 설문 조사하기   146

열려라, 초록 문   149
인터뷰하기   183

[파랑파랑]

포기하지 않아, 고양이!

수원 파장초등학교 **이다현, 전민석, 한신비, 황원정**

 "빨리 좀 나오라니까."

신비는 민석이를 보자마자 씩씩거렸다. 신비가 계속 민석이를 노려보자, 민석이네 강아지인 꿈몽이가 왈 하고 짖었다. 신비도 강아지 몽이를 데리고 나왔다. 신비와 민석이는 처음으로 같이 강아지 산책을 시키기로 했다. 강아지도 친구가 필요할 거 같아서였다. 그런데 민석이는 언제나처럼 꾸물거리다 늦게 나왔고, 신비는 늘 그렇듯 약속 시간보다 일찍 나와 기다렸다. 날은 이미 어둑했다.

"꿈몽이 안녕?"

신비가 꿈몽이에게 인사를 건넸다.

몽이와 꿈몽이는 서로 킁킁대며 탐색했다.

"이러다 싸우는 건 아니겠지?"

민석이가 걱정하며 물었다.

"내가 인터넷으로 찾아봤는데, 서로 킁킁대고 똥꼬에 코 대는 건 인사하는 거래."

"그렇구나."

민석이는 밖에 나와서도 내내 휴대폰에 눈을 박고 있었다. 신비는 걸음을 멈췄다.

"야, 전민석! 너 여기 걸어 다닐 때 잘 보고 다녀야 하는 거 알잖아. 그렇게 휴대폰에 코 박고 있으면 어떡해? 강아지를 데리고 나왔으면 잘 봐야지."

"줄 묶었잖아."

말이 끝나기가 무섭게 민석이는 튀어나온 보도블록에 발이 걸려 앞으로 고꾸라질 뻔했다. 민석이는 그제야 고개를 들고 신비를 쳐다보더니 숨을 크게 두어 번 쉬었다.

"네가 저주 걸었지?"

민석이가 신비를 흘기며 말했다.

"뭐래."

신비는 몽이를 데리고 앞장섰다. 민석이도 신비를 따라 저 멀리 아파트 단지 쪽으로 걸었다. 길이 엉망이었다. 이리 저리 움푹 팬 데도 많고 너무 어두웠다. 새로 지은 아파트 단지 부근에 새

공원이 있었는데, 거기는 가로등도 많고 벤치도 있었다. 화장실에 따뜻한 물도 나왔다. 그러니 조금 걷더라도 그곳에 가는 게 나았다.

'우리 동네에도 가로등이 많으면 좋겠다. 그러면 저녁에 강아지랑 산책하기 좋을 텐데.'

신비는 울적해졌다.

"너 그거 할 거야?"

갑자기 생각났다는 듯 신비가 민석이에게 물었다.

"뭐?"

"자치회 선생님이 얘기하신 거. 지속가능발전인가?"

"아, 연구한다는 거? 그거 선생님이랑 같이 하는 건가?"

"아니, 우리끼리 하는 거래."

"너 하려고?"

민석이가 신비를 흘긋 보며 물었다.

"괜찮을 거 같지 않아? 나가서 돌아다니면서 동네에 대해 조사하는 거래."

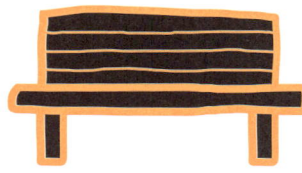

"난 나다니는 거 귀찮은데."

"귀찮으면 하지 마라!"

신비가 삐친 듯이 쏘아붙였다.

"하지 뭐. 엄마는 좋아하겠네. 내가 뭐 한다고 하면."

민석이가 호주머니에 손을 끼고 걸었다.

"넌 하고 싶은 게 없어?"

신비가 민석이를 보며 물었다.

"있지."

"뭔데?"

"게임."

"헐……."

"죽도록 게임만 하면 좋겠다."

"야, 전민석. 넌 학교 회장이라는 게 그렇게 꿈과 희망이 없어서야 되겠어?"

신비의 말에 민석이는 쑥스러운 듯이 씩 웃었다.

신비와 민석이는 학교 자치회 운영 위원이다. 민석이는 5학년 때 전교 부회장을 거쳐 올해 회장이 되었고 지금도 반 회장이다. 신비도 반 회장이다. 회장과 부회장이 모인 자치회는 매달 두 번씩 모여 회의를 한다. 아이들이 학교에 건의도 하고 학교에서 아이들에게 전달할 내용을 전하기도 한다. 아이들의 의견은 대부분 숙제를 줄여 달라거나 급식이 맛이 없다는 것들이다. 선생님은 늘 다른 의견은 없냐고 물었지만 아이들은 딱히 새로운 의견을 내놓지 않았다. 늘 같아서 지겨웠다. 그래서일까? 이번 자치회에서 담당 선생님은 아이들에게 재미난 것을 소개해 주겠다고 했다.

"너희들 지속가능발전에 대해 들어 봤니? 이번에 지구나눔연구소라는 곳에서 지속가능발전에 관한 학생 연구 팀을 모집한대. 우리 마을의 문제점을 찾아내고 어떻게 하면 다 같이 오랫동안 잘 살아갈 수 있을지 우리가 직접 주제를 정해서 연구하고 조사하는 프로그램이야. 선생님이 보기에 우리 마을에는 고쳐야 할 문제가 아주 많거든?"

"무슨 문제요?"

"음, 선생님 눈엔 많이 보이는데 너희들 눈엔 안 보일 수도 있어. 그러니까 같이 찾아보면 어떨까? 밖에 나가서 조사하고 조사한 내용을 정리하고, 그래서 고쳐 나갈 수 있는 방법을 찾아 가는 거야."

"밖에 나가요?"

"응, 밖에 나가야 우리 마을에 대해 조사할 수 있겠지?"

"우아!"

아이들이 탄성을 지르며 너도 나도 손을 들었다. 하지만 결국 신비, 원정, 민석, 다현이만 남게 되었다. 자치회 시간에 즉흥적으로 마구 손을 들었던 아이들이 지원서를 쓰지 못하고 포기했기 때문이다.

넷은 지원서를 쓰기로 하고 약속을 잡았다. 하지만 모임은 처음부터 삐걱댔다.

"선생님, 애들이 답이 없어요."

신비가 힘없이 말했다.

원정이와 민석이는 메시지에 답이 없었다.

"선생님이 연락해도 마찬가지겠지?"

자치회 담당인 허나겸 선생님이 신비를 보며 미소를 지었다.

"이래도 할 수 있을까요?"

"음…… 너무 힘들 거 같으면 안 해도 돼."

"해 볼래요. 그래도."

"선생님은 신비가 잘 이끌어 갈 수 있을 거라고 믿어."

"네."

신비도 친구들을 믿어 보기로 했다.

지원서가 통과되어 파랑파랑 팀은 지속가능발전 프로젝트 팀을 위한 워크숍에 다녀왔다. 언니, 오빠들을 보고 나니 두려움과 호기심이 요동쳤다. 연구 주제를 정해야 한다기에 유기견 이야기를 다뤄 보면 어떨까 의견을 모았다.

"나도 강아지 정말 좋아."

"그런데 우리 동네에 유기견이 있어?"

"걔 있잖아. 저기 슈퍼에, 슈퍼 근처 사는 애 있잖아."

"아, 판다팜마트 앞 주차장에서 보이는 애?"

"어, 할머니들이 지나가면 따라가잖아."

"근데 유기견이 걔 하나밖에 없지 않아? 다른 강아지도 있어?"

가만히 생각해 보니 아이들이 사는 동네에는 유기견이 없었다. 아이들은 학교가 끝나고 같이 주차장 근처로 가서 유기견을 찾아보았지만 주인 없는 강아지는 한 마리도 보이지 않았다.

"앗, 고양이다!"

"엇, 저기도 있어!"

후다닥 뛰어가는 고양이의 꼬리가 보였다.

"고양이가 많은가 봐."

원정이의 말에 길을 걷던 아이들이 걸음을 멈췄다.

"유기견 말고 유기묘 어때?"

"좋아!"

아이들은 쉽게 동의하고 쉽게 결정했다. 그리고 바로 후회했다.

아이들은 다시 학교로 가서 이 문제에 대해서 선생님과 이야기를 나눴다.

"선생님, 고양이와 함께 사는 법이라고 주제를 정했는데요. 고양이에 대해서 너무 몰라요."

"고양이에 대해서 모르기 때문에 연구가 필요한 게 아닐까?"

선생님은 아이들을 바라보며 진지하게 물었다.

"그런가요? 고양이에 대해 하나도 모르는데 연구해도 돼요?"

　아이들은 계속 선생님의 허락을 기다리고 있었다. 선생님은 아이들에게 모둠 대형으로 책상을 붙인 뒤 앉으라고 권했다.

　"자, 이제부터 우리가 고양이에 대해서 얼마나 모르는지 먼저 생각해 보는 거야. 다들 모둠 활동할 때 이런 건 해 봤지? 종이에 내가 모르는 것에 대해서 하나씩 적어서 정리해 보자."

　선생님의 말에 아이들은 생각에 잠겼다.

　아이들은 선생님과 함께 고양이에 대해서 모르는 것을 적고 궁금한 것을 정리했다. 작은 종이에 "고양이 눈은 무섭다", "고양이는 음식물 쓰레기를 뒤지기 때문에 마을이 지저분해진다"와 같은 말을 적었다.

　아이들은 몇 주 동안 모여서 고양이가 왜 무서운지 이야기를 나눴고, 왜 고양이가 혼자 돌아다니는지에 대해서도 이런 저런 이야기를 했다. 그러나 아무 결론도 내리지 못했고 이내 지루해졌다. 연구를 하겠다고 모였는데 도무지 아는 게 없었다.

　더운 여름날, 책상에 널브러져 아는 게 없으니 할 수 있는 것도 없다고 구시렁대고 있자 선생님이 한마디 했다.

　"인터뷰를 해 보는 건 어때?"

선생님의 말에 아이들은 덜컥 겁이 났다. 누굴 붙잡고 인터뷰를 해야 할지도 모르겠고, 인터뷰를 해 본 적도 없어서였다.

"설문지를 만들어서 학교 친구들에게 돌리자! 그건 할 수 있을 거 같아."

"좋아!"

아이들은 벌떡 일어나 설문지에 적을 질문을 하나씩 적어 봤다.

1 길고양이에 대한 여러분의 생각은 어떤가요?
   좋아한다 / 싫어한다

2 고양이를 싫어하나요? 그 이유는 무엇인가요?
   지저분하다 / 무섭다 / 시끄럽다

3 자기 집 근처에 고양이가 얼마나 살고 있다고 생각하나요?
   모른다 / 1~2마리 / 3~4마리 / 5~6마리 / 없다

4 길고양이가 버려지는 이유는 무엇일까요?
   돈이 많이 들어서 / 깨끗하지 않아서 / 병에 걸려서
   이사할 때 버리고 가서 / 기타

5 길고양이가 많은 이유는 무엇일까요?
   스스로 집을 나와서 / 사람들이 키우다 버려서
   야생 고양이가 번식해서 / 기타

아이들은 설문지를 다 만들어 자치회 선생님께 보였다.

"선생님 어때요?"

"응, 잘한 거 같아."

"선생님, 대답에 영혼 없는 거 아시죠?"

신비가 불만스러운 표정을 지었다.

"영혼 있어. 근데 이건 선생님이 이래라 저래라 말하지 않는 게 좋을 것 같아. 너희 생각대로, 너희 스스로, 너희가 하고 싶은 대로 하면 돼. 그래야 진짜 연구지. 그리고 스스로 알아서 하고 싶은 대로 하는 게 지속가능발전을 공부하는 방법이야."

선생님이 웃으며 말했다.

아이들은 다현이가 있는 5학년과 민석, 신비, 원정이가 있는 6학년 아이들에게 설문지를 돌렸다. 동네 슈퍼와 학원 선생님, 아동센터 선생님들에게도 종이를 들이밀었다. 일단 많이 돌리고 많이 받으면 될 것 같았다.

친구들에게서 걷어 온 설문지는 320여 장. 파랑파랑 아이들은 표를 그려서 응답수를 세었다. 컴퓨터를 잘 쓸 수 있으면 이런 걸 쉽게 할 수 있다고 들었는데, 파랑파랑 팀원 중엔 그런 걸 할 줄 아는 사람이 없었다. 선생님도 스스로 해 보라고 말하고는 모르는 척했다. 대신 선생님은 흰 종이를 잔뜩 가져다주었다.

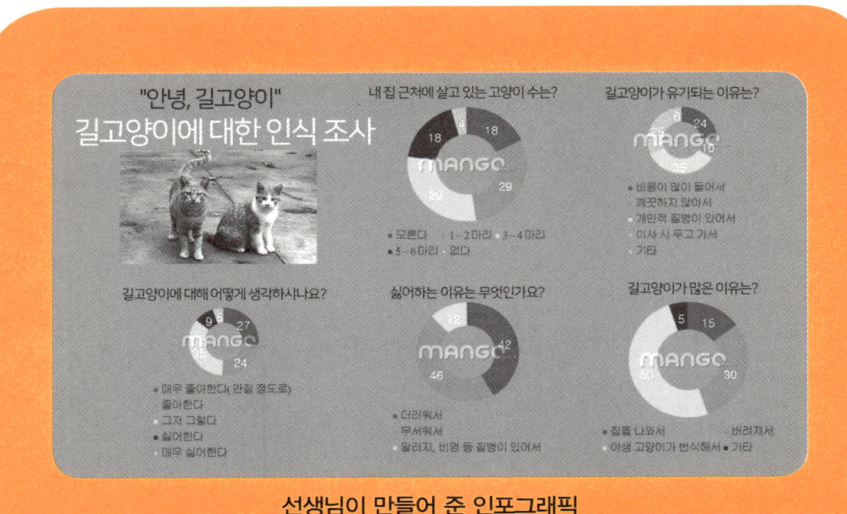

선생님이 만들어 준 인포그래픽

아이들은 하나씩 하나씩 며칠에 걸쳐 설문지를 정리했다. 정리가 끝나자 선생님이 설문 조사 결과를 인포그래픽으로 만들어 주었다.

단체 채팅방에 사진이 올라왔다. 다현이가 동네 길고양이를 찍어 올린 것이다. 원정이도 사진을 올렸다. 주차된 차 아래 숨어 있는 고양이였다.

아이들은 고양이가 보일 때마다 휴대폰을 꺼내 사진을 찍었다. 학교 끝나고 집에 가다가, 학원에 가다가, 엄마와 슈퍼에 가다가,

아동센터 돌봄교실에 가다가 고양이가 보이면 잽싸게 사진을 찍었다. 하지만 사진 속에 고양이가 없을 때가 더 많았다.

"여기 분명히 있어서 찍었는데 그새 도망갔어."

"고양이는 진짜 빨라."

"고양이 찍기가 하늘의 별 따기보다 어려워."

아이들은 휴대폰을 열어 '길고양이'라는 검색어로 사진을 검색했다. 다친 고양이, 장난치는 고양이, 숨어 있는 고양이 같은 사진이 많았다.

"이 사람들은 어떻게 찍은 걸까?"

아이들은 사진을 보며 탄성을 질렀다.

물론 동네 고양이들 중에 포즈를 취해 주는 것 같은 고양이도 있었지만, 절반 정도는 후다닥 카메라 버튼을 누르기도 전에 사라지거나, 휴대폰을 꺼내는 사이에 사라지는 일이 많았다.

"나도 고양이 사진 잘 찍고 싶어."

원정이가 턱을 괴고 휴대폰 화면을 바라보며 한숨을 쉬었다. 그때, 예쁜 그림 하나가 눈에 들어왔다. 마을에 사는 고양이들의 서식지를 조사해 그림지도로 만든 거였다.

"헐 이거 봐. 진짜 예쁘다."

원정이가 아이들에게 휴대폰 화면을 내밀었다.

"우아, 우리도 이거 하자. 언니, 우리 이거 해요."

다현이가 호들갑을 떨며 말했다.

신비는 시큰둥했다.

"고양이에 대해서 조사도 제대로 못 했는데, 이걸 어떻게 만들어?"

"아, 언니 그냥 해요. 이것도 하고 조사도 하면 되잖아요."

다현이가 졸랐다.

"우선 고양이에 대해 조사를 해야 하는데……. 어떻게 하지? 고양이를 가까이서 볼 수도 없잖아."

"언니, 저기 동물병원 있잖아요. 거기 가서 고양이 좀 보여 달라고 해요."

"그래도 될까?"

"아니면 유기묘 센터 같은 데 가요."

"거기가 어딘데? 너 알아?"

"아뇨, 몰라요. 알아보면 되죠. 그리고 고양이 키우는 데도 있고요. 고양이 카페도 있고요."

다현이가 신이 나서 말했다.

"다현이, 너는 뭐 그렇게 하고 싶은 게 많냐? 그거 다 할 수 있어?"

휴대폰을 들여다보던 원정이가 한마디 했다.

"하나씩 하면 되죠."

다현이가 초롱초롱한 눈으로 말했다.

"야, 넌 한마디라도 좀 해 봐라."

책상에 앉아서 내내 웹툰만 보고 있는 민석이를 노려보던 신비가 민석이를 툭 치며 말했다.

"니들이 알아서 해."

민석이는 휴대폰에서 눈도 안 떼고 대답했다.

"어휴, 정말!"

신비의 짜증에 원정이가 자치회 선생님의 눈치를 살폈다. 선생님은 컴퓨터 모니터만 쳐다보고 있다.

"야야, 가만있어 봐. 하나씩 정리해 보자. 도저히 시끄러워서 내가 덕질을 할 수가 없잖아. 그러니까 지금 문제가 뭐야? 문제가 뭐냐고? 고양이에 대해 알아보자는 거 아냐?"

원정이가 투덜거리며 말했다.

"다현이는 이것저것 하고 싶은 게 너무 많아. 우리는 고작 설문

조사 하나만 했단 말이야."

신비가 볼멘소리로 말했다.

원정이가 연필을 들고 까딱까딱하며 다현이에게 물었다.

"너, 아는 동물병원 있어?"

"아뇨."

원정이는 종이 위에 '동물병원'이라고 쓰고 그 위에 크게 엑스

자를 그렸다.

"너, 유기묘 센터 아는 데 있어?"

"아뇨."

"나도 몰라."

다현이와 신비가 대답했다.

"그럼, 유기묘 센터도 엑스."

"그럼 고양이 카페는?"

"그건 알아."

신비가 대답했다.

"어딘데?"

"남문에 있어. 남문극장 있는 데 알지? 영화관."

"아! 언니, 거기 저도 알아요. 이름이…… 고양이 산책인가, 그랬던 거 같아요."

"맞아, 맞아."

신비가 다현이의 말에 맞장구를 쳤다.

"고양이 카페에 간다고?"

심드렁하게 휴대폰만 바라보던 민석이가 귀는 열어 둔 모양이었다.

"헐, 듣고는 있었냐?"

"언제 갈 건데?"

신비의 타박에도 민석이는 눈도 안 돌리고 말했다.

"이제 정해야지."

원정이가 종이에 '고양이 카페'라고 쓰고 커다랗게 동그라미를 그렸다.

드디어 고양이 카페로 조사를 하러 가는 날이 되었지만 신비는 마음이 무거웠다. 질문을 몇 개밖에 만들지 못했기 때문이다. 한참 연락이 안 되던 원정이가 그날은 즐거운 표정으로 나타났고 다현이도 도착했지만 민석이는 연락이 없었다.

"민석이 자식, 또 집에서 게임이나 하고 있는 거 아냐?"

"전화도 안 받네. 그냥 가자, 우리끼리."

신비와 원정이, 다현이는 고양이 카페에 들어가 신발을 갈아 신고 두리번거렸다. 아르바이트하는 언니가 자리에 앉으라고 권해 주자 셋은 쭈뼛거리며 사장님을 찾았다.

"저희는 파장초등학교 자치회 학생들인데요. 지구나눔연구소에서 고양이에 대한 연구를 하고 있어요."

아이들의 이야기를 들은 사장님은 뭔지 잘 모르겠다는 표정이었다. 신비는 설명을 잘못했나 싶어 식은땀이 났다.

"그러니까 고양이가 어떤 동물인지 궁금해서 찾아온 거야?"

"네!"

다현이와 신비가 크게 대답했다.

사장님은 미소를 지으며 입술에 손가락을 가져다 댔다. 조용히 해 달라는 신호였다.

"미안, 고양이들은 큰 소리가 나면 많이 놀라. 속삭일 필요까지는 없는데 갑자기 큰 소리를 내지 않는 게 좋거든. 근데 너희 파장초등학교에서 왔다고? 나도 파장초 졸업생이야."

"우아, 정말요?"

아이들은 기분이 좋았다. 자신들의 학교가 오래되었다는 건 알고 있었지만, 고양이 카페 사장님도 같은 학교 출신이라니. 정말 잘 찾아왔다는 생각이 들었다.

질문을 몇 개 준비하지 못했지만 카페 사장님은 아이들이 물어보지 않은 것도 잘 알려 주었다.

"얘 이름은 모찌야. 모찌, 이리 와."

사장님이 고양이 이름을 부르자 털이 긴 하얀 고양이가 사장님에게 다가왔다.

"이 친구는 천안에 있는 보호소에서 데려 왔어. 보호소는 너희가 얘기한 것처럼 유기묘나 유기견을 잠깐 맡아 주는 곳이야. 새

주인을 찾을 수 없으면 안락사를 시켜."

"안락사요? 죽인다는 거예요?"

다현이가 놀라서 물었다.

"그렇지. 보호소에 들어오는 아이들이 너무 많아서 감당할 수가 없거든. 너희가 상상하는 것보다 훨씬 더 많이 버려진단다. 저기 고양이들 사진 보이지? 처음 왔을 때 사진을 여기에 전시해 두는 거야. 그러면 사람들의 생각이 조금이나마 바뀌지 않을까 싶어서. 그리고 여기 있는 잉쿠는……."

사장님 옆에 다가온 고양이는 털이 짧고 흰색과 검은색 털이 섞여 있었다. 코에 까만 점이 있어서 독특하고 귀여웠다.

"얘는 안락사 시킨다는 연락을 받고 막 달려가서 데려왔단다. 내가 30분만 늦었으면 이미 무지개다리를 건넜을 거야. 아, 고양이를 좋아하는 사람들은 고양이가 죽는 걸 '무지개다리를 건넌다'고 말한단다. 얘 이름이 잉쿠야. 내가 지어 준 이름이고. 얘는 남자를 무서워하더라. 이건 내 생각인데, 아마 남자들에게 공격을 받았던 거 같아. 바닥에 누워서 '쿠쿠 이리 와' 하면 올라온다? 한번 볼래?"

사장님이 바닥에 똑바로 누워서 "쿠쿠 이리 와"라고 말하자 정말로 고양이가 사장님 배에 올라갔다. 그러고는 한 발씩 번갈아 가며 제자리에서 움직였다.

"이건 뭐하는 거예요? 고양이가 안마도 해요?"

다현이의 말에 사장님이 쿡쿡 웃었다. 그러자 잉쿠는 금세 사장님의 배에서 내려가 사라졌다.

"아니, 안마가 아니고 꾹꾹이라고 하는 고양이의 행동 중 하나야. 엄마 젖을 빨 때 젖을 잘 나오게 하려고 젖 주변을 발로 누르던 어릴 때 습관이지. 그걸 다 크고 나서도 하는데 꾹꾹이를 한다는 건 그 사람을 엄마처럼 친근하게 느낀다는 거지."

신비와 다현이는 준비한 질문을 하나씩 했다. 원정이는 이리저리 고양이들을 따라다니며 만져 보려고 애를 쓰고 있었다.

"고양이가 음식물 쓰레기를 뒤져서 골목이 지저분해집니다. 이런 문제를 어떻게 해결하면 좋을까요?"

사장님은 종이쪽지를 넘겨다보며 웃었다.

"그거 너희가 준비해 온 거니?"

"네."

"너희 정말 멋지구나? 그래, 그럼 내가 하나씩 대답해 주지."

사장님은 고양이들에게 먹을거리를 주고 신선한 물을 주면 음식물 쓰레기를 건드리지 않을 거라고 했다. 그렇게 먹을 것을 주다 보면 사람들과 친해지는데, 그렇게 되면 잠깐 잡아서 중성화 수술을 시켜 다시 돌려보낼 수도 있다고 했다. 또, 고양이 먹이를 주는 사람들을 캣맘이라 하는데, 고양이에게 먹이 주는 일을 반대하는 주민들도 많아 캣맘들은 주로 밤에 몰래 밥을 주러 다닌다고 했다. 그래서 캣맘들을 인터뷰하는 건 어려울 거라는 힌트도 주었다. 또, 고양이의 눈은 어두운 곳에서 잘 보기 위한 것이고 무섭다는 건 그저 편견일 뿐이라고 강조했다. 고양이 기생충이라고 알려진 톡소플라즈마는 고양이에게도 흔치 않고 사람에게 쉽게 전염되지 않는다는 얘기도 했다.

"사람들이 고양이에 대해서 너무 많이 오해하고 있어."

사장님의 목소리가 무척이나 슬펐다.

"선생님, 이제 길고양이 보호소를 찾아보면 될 거 같아요."

고양이 카페에 다녀온 아이들이 자치회 선생님에게 말했다.

선생님은 환하게 웃더니 아이들의 다음 말을 기다렸다.

"인터넷으로 일단 찾아보면 될 거 같아요."

"어, 그래 계속 말해 봐."

선생님이 웃으며 박수를 쳤다.

"제가 어제 뭘 좀 찾았는데요. 서울에 어디지? 어디더라. 강…… 잠깐만요. 아, 여기 강동구라는 데인데요."

신비가 휴대폰 화면을 선생님에게 들이밀었다.

"여기는 주민센터 앞에 이렇게 고양이 급식소가 있어요. 고양이가 밥을 먹을 수 있고 동네 사람들이 물이랑 밥을 주는데 반대하는 사람들이 없나 봐요. 게다가 구청 옥상에 쉼터가 있대요. 예쁘죠?"

"너희 정말 멋지다. 선생님이 뭘 기다렸는지 알아?"

"이런 거요? 조사하는 거?"

선생님은 고개를 절레절레 흔들었다.

"너희가 나한테 '이거 해도 돼요?'라고 물어보지 않는 거."

'아……. 정말 우리가 그렇게 자주 물어봤나?'

아이들은 가만히 생각했다.

"이제 알겠지? 이거야. 이 연구는 그래서 하는 거야. 너희가 스스로, 알아서, 하고 싶은 대로 하는 거. 그래서 어른들에게 허락받지 않고 하는 것. 그걸 자율이라고 해."

"선생님, 그럼 우리 잘하고 있는 거예요?"

"그럼 그럼. 그런데 그런 걸 묻지 말라니까?"

선생님이 환하게 웃었다.

"사람은 동물이다.

고양이도 동물이다.

사람과 고양이는 같은 동물이다. 그런데 사람들은 고양이를 싫어한다. 싫다고 괴롭히고, 키우다 싫증나면 버린다. 그렇게 버려진 고양이들은 사람들의 미움을 받는다. 사람이 미워하는 동물은 결국 사람들의 손에 죽게 된다. 안락사를 당하거나 괴롭힘을 당하다 죽임을 당하거나……."

신비는 수첩에 고양이에 대한 생각을 적고 한참을 내려다봤다. 그리고 한 문장을 보탰다.

"고양이도 자연의 일부다. 자연을 사랑하고 보호하라고 말하는 것처럼 고양이를 사랑하고 보호하는 것도 마찬가지다. 고양이를 보호하는 것도 자연보호다."

신비가 쓴 글을 다현이가 천천히 읽었다.

"언니, 이 글 되게 멋져요. 이거 우리 발표할 때 꼭 넣어요. 사람들이 자연보호를 말할 때, 거기 나오는 자연은 식물만 말하는 거 같아요. 움직이지 않으니까 귀찮지 않아서 그런 걸까?"

다현이가 음료수를 쪽쪽 빨며 말했다.

"넌 가끔 되게 멋진 말을 한다."

신비가 다현이를 멍하니 바라봤다.

"언니가 저 똑똑하다고 그러셨잖아요. 저는 똑똑하다고 칭찬해 주는 사람 앞에서 더 똑똑해져요."

다현이의 말에 신비는 웃음이 났다.

아이들은 수원시의회에 건의 사항을 접수하며 연구를 마무리하기로 했다. 자치회에서 몇 번 해 본 일이었다. 아이들이 내용을 정리하고 선생님이 글을 다듬었다. 아이들은 선생님 책상에 놓인 컴퓨터로 수원시의회 홈페이지에 들어가 글을 올렸다.

안녕하세요? 저희는 지구나눔연구소 연구 팀인 파랑파랑입니다.
저희는 파장초등학교에 다니고, 6학년 3명과 5학년 1명으로 이루어져 있습니다.
저희가 이렇게 글을 쓰는 이유는 우리 학교가 있는 파장동에 고양이 쉼터를 만들어 주셨으면 해서입니다. 저희가 이런 부탁을 드리는 이유는 다음과 같습니다.

첫째, 저희 파장동에는 유독 길고양이가 많습니다.
저희는 연구를 시작하며 파장동 주민들과 파장초등학교 학생들을 대상으로 고양이에 대한 인식에 관해 설문 조사를 하였습니다. 그 결과, 고양이가 무섭고 더럽고 싫다는 의견이 많았습니다. 고양이 학대, 캣맘과 주민들 사이의 다툼, 음식물 쓰레기 처리 문제 등 크고 작은 문제들 때문이었습니다. 그래서 이 문제를 해결하기 위해서는 고양이들이 주민들이 사는 곳이 아닌 다른 곳에 머물 필요가 있다고 느꼈습니다.

둘째, 비슷한 사정의 다른 지역에 성공 사례가 있습니다.
서울 강동구에는 보호 및 치료가 필요한 길고양이들이 쉬고, 놀고, 먹을 수 있는 길고양이 어울 쉼터가 있습니다. 길고양이 어울 쉼터에는 쉼터 건립, 울타리 설치, 사료와 간식 지원 등 기업 후원이 끊이지 않고 있다고 합니다. 고양이 쉼터 덕분에 고양이들은 안전하고 깨끗한 음식을 섭취할 수 있게 되어 더 이상 음식물 쓰레기를 찾지 않게 되었고, 주요 서식지도 쉼터 근처로 옮겨 가 중성화 수술과 보호 등이 더 쉬워졌다고 합니다. 또 덕분에 강동구 주민들의 불편이 줄어들고 고양이에 대한 인식도 좋아졌다고 합니다. 이 사례를 보면서 고양이로 인한 피해가 많은 파장동에도 이런 쉼터가 필요할 것이라는 생각이 들었습니다.

셋째, 지구는 모든 생명들이 함께 어울려 사는 곳입니다.
지구는 사람만 사는 곳이 아니라 여러 동물과 식물이 공존하는 곳입니다. 동물에 대한 잘못된 인식과 편견을 가지고 서로 불편하게 지내는 것보다 동물에 대해 바르게 이해하고 서로 조금씩 양보하며 살아간다면 더 살기 좋은 동네가 될 것입니다. 고양이 쉼터를 마련하여 주민들이 사료를 주고 고양이들을 돌보며 사람과 동물이 공존할 수 있는 장소로 만든다면, "고양이는 요물이다"라는 잘못된 인식도 바꿀 수 있을 것이라고 생각합니다.

다음은 강동구의 고양이 쉼터 관련 글 주소입니다.
http://blog.naver.com/redis12/221003175790
고양이에 대한 잘못된 생각을 바꾸고 모두 함께 사이좋게 살기 위해 수원시에서도 더욱 노력해 주셨으면 좋겠습니다. 긴 글 읽어 주셔서 감사합니다.

이제, 연구 결과를 정리해 발표하는 마지막 순서를 앞두고 있었다. 이 소식을 들은 교장 선생님이 방송으로 전교생 앞에서 먼저 해 보라고 권했다. 파랑파랑 팀은 방송국 직원이 된 것처럼 대본을 써서 열심히 연습하고, 자치회 선생님이 만들어 준 PPT로 발표를 했다. 몇몇 아이들이 와서 대단하다고 칭찬을 했다.

"사실 우린 한 게 별로 없지 않냐? 설문 조사 한 번, 카페 방문 한 번, 인터넷 검색, 시의회에 글 올리기. 네 개밖에 안 했어. 다른 팀은 되게 많이 했을 거 같은데. 창피할 거 같아."

원정이가 시무룩하게 말했다.

"그러니까 네가 좀 더 열심히 했어야지! 고양이 카페 가서도 셀카나 찍고."

신비가 나무라듯 말했다.

"그래도 같이 갔잖아. 민석이는 같이 가지도 않았다고!"

원정이가 발끈했다.

"화내서 미안. 너무 걱정하지 말자. 우리는 초등학생이잖아. 고등학생 언니, 오빠들이야 당연히 우리보다 잘하겠지. 그리고 우리가 원래 좀 유치하잖아. 이 정도만 해도 훌륭하다고 생각해. 선생님도 그렇게 말씀해 주셨잖아. 원정아, 화내서 미안."

신비는 원정이에게 사과했다. 그러고는 여전히 휴대폰을 보고 있는 민석이에게 말했다.

"인간적으로 너한테는 별로 사과하고 싶지 않다."

"어, 안 해도 돼."

민석이가 무뚝뚝하게 말했다.

단톡방에 알람이 울렸다. 자치회 선생님이었다.

"얘들아, 수원시의회에서 답변이 왔어!"

1. 안녕하세요? 수원시의회 홈페이지를 방문해 주셔서 감사합니다.
2. 수원시의회에서도 귀하의 민원과 관련하여 많은 부분 공감하고 있으며, 향후 의정 활동에 참고하도록 하겠습니다. 남겨 주신 민원 사항을 관련 부서에 이송하여 아래와 같이 이첩 받아 알려 드리오니 확인하여 주시기 바랍니다.

3. 귀하의 가정에 행복과 건강이 늘 함께하시기를 기원합니다.

수원시 답변

1. 사람이 반가운 휴먼시티 수원을 위해 많은 노력을 하고 계시는 귀하께 감사드리며, 귀하께서 요구하신 고양이 쉼터와 관련하여 다음과 같이 알려 드립니다.
2. 우리 시에서는 고양이로 인한 주민 간의 갈등을 해결하고 개체 수 조절을 위하여 매년 길고양이 TNR사업을 추진하고 있습니다. 또한, 2018년 시범 사업으로 길고양이 급식소 설치를 위해 예산을 일부 반영하였으며 급식소 설치 시 우리 지역 내 캣맘 단체와 협의하여 급식소 운영 방법, 설치 장소 등을 협의할 예정임을 알려 드립니다.
3. 이와 관련하여 궁금하신 사항이나 의문 사항이 있으신 경우 시청 생명산업과 동물자원팀(☎228-3317)으로 전화주시면 자세히 안내하여 드리겠습니다. 감사합니다.

아이들은 교실에 모여 함께 이 글을 읽었다. 서로 얼싸안고 폴짝폴짝 뛰었다.

"선생님, 저희 연구 결과 보고서를 책자로 만든다고 했는데, 우리가 미리 보낸 내용에는 수원시의회의 답변과 관련된 내용이 없잖아요. 같이 넣어 달라고 하면 안 돼요?"

"그래, 이 내용도 넣자. 선생님이 도와줄게."

선생님은 얼른 시의회의 화면을 캡처해서 이미지파일로 만들었다. 그리고 지구나눔연구소 담당 선생님에게 메일을 보냈다. 아이들은 숨죽이며 선생님의 모습을 바라보았다. 민석이도 오늘만큼은 휴대폰이 아닌, 자치회 선생님의 컴퓨터 모니터를 바라보며 빙긋 웃었다.

"야, 이제 관심이 생기냐?"

신비가 민석이를 툭 쳤다. 민석이는 말없이 웃기만 했다.

"내가 너무 구박해서 미안해."

신비가 민석이를 한 번 더 툭 쳤다.

"선생님, 이제 우리 뭐해요?"

민석이가 다시 휴대폰을 보며 물었다.

"오빠, 이제 그렇게 질문 안 하기로 했잖아요. 이제, 허락 받지 않아도 된다고. 우리 맘대로 해도 되는 거예요. 아직도 몰라요?"

민석이는 당차게 얘기하는 다현이의 얼굴을 쳐다봤다.

"어, 알았어. 그럼 나 집에 갈게. 내 맘대로. 너희 수고했어. 난 오늘 선약이 있어서, 이만 안녕."

민석이가 가방을 메고 교실을 나갔다.

아이들이 혀를 찼다.

"아냐, 그래도 민석이가 달라졌어."

"허락하지 않았는데도 그냥 가서?"

"어."

아이들이 깔깔대고 웃었다. 선생님도 박수를 치며 크게 웃었다.

"그래. 민석이가 자주 나오진 않았지만, 항상 너희가 하는 일에 묵묵히 잘 따라 줬잖아. 모든 사람이 다 의견을 내고 주장만 할 수는 없어. 민석이는 민석이의 역할을 한 거라고 생각할 수도 있을 거 같아. 어때?"

자치회 샘이 아이들의 손을 잡았다.

"네, 괜찮아요. 별로 힘들지도 않았고요. 민석이는 이것보다 게임이 더 중요하고 재미있으니까 그랬겠죠. 그래도 끝까지 포기하지 않았잖아요. 저도 이제 구박 안 하려고요."

신비가 말을 마치고 환하게 웃었다.

인포그래픽 만들기

연구를 하다 보면 많은 이야기를 한 장의 그림이나 표로 나타내야 할 때가 있어요. 이런 그림이나 표를 인포그래픽이라고 해요. 인포그래픽은 정보를 담은 그림을 이야기해요. 그림처럼 보이지만 그림이 가지고 있는 장점인 다채로운 색상과 도형을 활용해 정보를 보기 좋게 넣는 것이죠. 어렵게 생각할 수 있지만 실제로 해 보면 별로 어렵지 않아요. 인포그래픽은 손으로 그려도 되고 컴퓨터를 사용해서 그려도 돼요.

❶ 사람들에게 묻고 싶은 주제로 설문 조사를 해요.
❷ 설문 조사 결과를 정리해요. 일단 기다란 막대기나 선으로 표를 만들어 보면 어느 답변에 응답이 많은지 쉽게 알 수 있어요.
❸ 1차로 정리한 표를 가지고 동그라미, 세모, 네모 등의 여러 가지 형태 중에 가장 한눈에 잘 들어오는 디자인을 선택해요. 인터넷에서 인포그래픽을 검색하면 많은 그래픽이 나오는데, 그중에서 맘에 드는 형태를 고르면 돼요.

④ 대부분의 문서 작성 프로그램은 프레젠테이션 기능이 있어서 이를 이용해 인포그래픽을 쉽게 만들 수 있어요. 파랑파랑 친구들은 '망고보드'라는 웹사이트의 무료 서비스를 이용했어요.

[건전무쌍]

200개의 생수통

부천 상도중학교 김경석, 김상원, 이승환, 최영선

 **날렵한 얼굴의 경석이가** 단상에 올라섰다. 손에는 20리터짜리 대형 생수통이 들려 있었다.

"4000리터! 여러분, 이 숫자가 무엇을 의미할까요? 바로 면 티 한 장을 만드는 데 쓰이는 물의 양입니다."

경석이가 빈 생수통을 번쩍 들어올렸다.

"바로 이런 물통 200개나 되는 양의 물을 써야 합니다! 올해 우리 전교생 734명이 반티를 맞추느라 우리는 290만 리터의 물을 소비했습니다. 이 정도 양이면 50명이 평생, 적어도 80세까지 물을 마실 수 있습니다!"

경석이의 유세를 들은 아이들이 웅성댔다.

선생님은 경석이의 유세를 들으며 흐뭇한 미소를 지었지만, 아이들의 표정은 좋지 않았다.

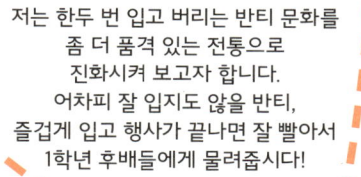

내년도 학생회 임원 선출을 위한 후보자 소견 발표 시간이었다. 모두들 교실에 앉아 교내 방송으로 소견 발표를 보고 있었다. 교실에 같이 앉아 있던 선생님은 입술에 손가락을 갖다 대며 아이들에게 조용히 하고 들으라고 일렀다.

'망했어……'

승환이는 얼굴이 화끈거렸다.

'애들은 이런 거에 관심 없어.'

영선이도 손에 땀이 났다.

'아직 시간이 있어.'

상원이는 벌써 좌절하고 싶지 않았다. 다시 설득할 수 있다고 믿었다. 우리는 건전무쌍이니까.

학생회 임원 선출 선거는 매년 겨울이 시작되는 11월에 한다. 선거 포스터도 만들고 각자 공약도 내건다. 요즘은 실천할 수 있는 공약보다 후보의 행동이 튀고 재미있어야 아이들이 좋아한다. 예상대로 원준이가 성경책을 들고 돌아다녔다. 어디서 구했는지 커다란 염주도 손에 들었다.

"원준이 봤어? 종교를 초월하는 사상을 가진 철학자도 아니고, 사이비 교주도 아니고, 대체 저게 뭐람."

"그냥 웃기려고 그러는 거지."

"요즘은 심각하면 애들이 안 좋아해."

건전무쌍의 영선, 경석, 상원, 승환이는 팔짱을 끼고 가장 인기 있는 후보자의 선거 유세 활동을 바라봤다.

"쟤, 어제는 맨발 아니었니?"

"그래? 난 못 봤어."

"선거가 이래도 돼?"

"우리 엄마가 그러는데, 한 나라의 국민은 그 수준에 맞는 대통령을 가진대."

원준이를 보고 있자니 씁쓸했다. 재미있는 게 나쁜 건 아니지만, 너무 재미만 좇는 것 같았다.

선거 결과는 참패였다. 성경책에 염주를 가지고 다니던 원준이가 1등을 했고 경석이가 2등을 했는데, 투표수에서 1등과 엄청나게 차이가 났다. 건전무쌍 아이들은 곧 졸업할 3학년들이 웃기는 후보에게 표를 몰아 줬기 때문이라고 생각했다. 선배들이 얄미웠다.

"이제 자기들은 졸업하니까 어떻게 되든 상관없다는 얘기 아냐?"

"어쩌면 다른 이유가 있을지도 몰라."

건전무쌍 아이들은 참패의 원인에 대해 곰곰이 생각해 보았다.

"무슨 일 있어?"

공원에 앉아 심각한 표정을 짓고 있는 상원이에게 "우리 오늘부터 1일"이라고 카톡을 보낸 지 며칠 안 된 여자 친구가 인상을 쓰며 말했다.

"아…… 어…… 아니야, 아무것도."

"뭔데, 말해 봐. 엄청난 고민이 있는 거 같은데?"

여자 친구의 채근에 상원이는 선거 이야기를 꺼냈다.

"음, 아이들이 싫어하는 게 당연해. 반티를 맞추는 일이 얼마나 재미있고 중요한 일인지 몰라서 그래?"

"……."

다른 친구도 비슷한 얘기를 한 적이 있다. 반티는 추억 쌓기가 목적인데 학생회가 그걸 건드리면 어떻게 하느냐며 "너희가 우리의 추억을 방해할 수도 있어"라고 했다. 하지만 친구는 한마디를 덧붙였다. 소중한 가치니까 통할 거라고.

'그 말이 맞아. 반티를 맞추지 말자는 말이 싫었을 거 같아. 그래도 괜찮아. 우리가 이 문제에 대해 말하지 않았으면 아예 모르고 지나갈 수도 있었을 테니까.'

상원이의 생각은 점점 깊어졌다.

사람들은 옷 한 벌을 만드는 데 얼마나 많은 물이 들어가는지, 제초제로 인해 얼마나 많은 사람들이 병들어 가는지 별 관심이 없다. 패스트패션이라고 하는 옷들은 계절보다 빨리 만들어지고 유행을 앞서간다. 사람들은 옷을 싸게 만들고 많이 팔기 위해 지구도, 사람도 망가뜨리고 있다. 건전무쌍 친구들은 이 사실을 친구들에게 말했지만, 설득하기엔 역부족이었다. 생태계 파괴, 환경 오염, 지구 온난화는 아주 먼 미래의 일처럼 여겨졌으니까.

우리나라는 물 부족 국가라고 분명히 알려져 있는데 아무도 믿지 않는다. 수도꼭지만 틀면 물이 펑펑 나오니까 그런 사실을 실감할 수가 없는 거다. 그래서 경석이는 이 문제에 대해 고민하다 물 절약을 몸소 실천해 보았다.

지난여름이었다. 건전무쌍이 살고 있는 아파트에서 배관 교체 작업을 하게 되었다. 배관이 오래되면 안 좋은 물질들이 수돗물에 섞여 나오기 때문에 교체를 해야 한다고 했다. 그런데 문제는 공사 기간 동안 뜨거운 물이 나오지 않는다는 것이었다. '온수 배관 교체'라는 말이 아파트 곳곳에 나붙고, 동네 아줌마들이 삼삼오오 모여 대책 회의를 했다.

아이들은 당황스러웠다. 지금껏 뜨거운 물은 아무 때나 쓸 수 있는 것이었다. 가끔 농구를 하고 집에 들어가서 일부러 찬물로 씻기도 했지만 뜨거운 물이 안 나온다는 건 상상해 본 적이 없었다. 어른들은 더 난리였다. 찬물로 안 씻은 지 너무 오래되어 한여름에도 뜨거운 물 없이 살 수 없다고 했다. 간혹 몇몇 어른들은 예전엔 다 찬물로 씻었다며, 언제부터 따뜻한 물을 쓰고 살았냐고 한심하다는 투로 말했지만 말이다.

엄마들의 고민을 알아챘는지 어떤 회사에서 순간온수기를 싸게 빌려준다는 현수막을 내걸었다. 어른들은 모여서 여기저기 전화를 하고는 공동구매로 싸게 살 수 있다는 둥 여러 가지 의견을 냈다.

"찬물만으로는 살 수 없을까?"

"찬물로 씻으면 심장마비가 온다던데?"

"한여름에 뜨거운 물을 쓰는 건 과소비가 아닐까?"

"갑자기 찬물을 쓰면 감기에 걸릴지도 몰라."

건전무쌍 친구들도 생각이 모두 달랐다. 의견이 분분했다. 뜨거운 물 하나 때문에 모두들 난리였다.

경석이네 가족에게도 순간온수기를 빌리는 문제는 뜨거운 화제였다.

"아빠, 순간온수기가 뭐예요?"

"어, 가스로 물을 확 덥히는 거지. 차가운 물이 나오는 수도관을 가스로 덥혀서 뜨거운 물로 만들어 내보내주는 기계야."

"아빠는 어떻게 아세요?"

"우리는 어릴 때 다 그런 걸 썼어."

"그럼 순간온수기가 집집마다 있었나요?"

경석이의 말에 엄마, 아빠가 큰 소리로 웃었다.

"그게 아니고, 순간온수기는 엄마, 아빠가 너희만 할 때 나왔어. 그 전에는 커다란 주전자나 들통 같은 거, 그러니까 아주 큰 알루미늄 통 같은 데다 물을 붓고 끓여서 그 물을 대야에 부어서 찬물이랑 섞어서 썼지."

경석이는 어안이 벙벙했다. 물을 끓이고, 대야에 붓고, 찬물이랑 섞고……

"엄청 복잡하네요."

"그래. 그래서 예전엔 뜨거운 물을 아껴서 썼어. 아빠한테 할머니가 늘 말씀하셨지. 가스비 든다고 뜨거운 물을 아껴서 쓰라고 말이야."

"네……"

경석이는 부모님이 얘기해 준 뜨거운 물 끓이는 방법에 대해 생각해 보았다. 아무래도 그렇게 번거로우면 물을 덜 쓸 것 같았다. 세수할 때도, 이 닦을 때도 내내 물을 틀어 놓던 동생이 떠올랐다. 물 좀 아끼라고 잔소리를 하면 듣는 척만 했다. 경석이는 이참에 동생의 습관을 고칠 수 있을 것 같았다. 경석이는 친구들에게 이 원대한 계획을 털어 놓았다.

"나, 순간온수기 없이 살기 해 보려고."

"뭘 한다고?"

"순간온수기 없이 살겠다고. 이번에 배관 교체하는 동안 말이야."

"어허, 뭐 그리 어렵게 살려고?"

영선이가 혀를 끌끌 찼다.

"이번 기회가 아니면 못 해 볼 거잖아."

"군대 가면 하게 될지도 모르지."

"이참에 동생의 습관을 고칠 수 있을 거 같아."

경석이가 진지하게 말했다.

"왜?"

"물을 너무 펑펑 써."

"오, 형이랍시고 동생의 생활에 개입하는 거야?"

상원이가 낄낄대며 말했다.

"좋은 생각이야. 멋지다 경석."

승환이가 어깨를 툭툭 쳤다.

온수가 끊긴 8월. 경석이는 전기 주전자로 물을 끓여 주겠다고 동생을 설득했다. 그러고는 아침저녁으로 전기 주전자로 끓인 물을 대야에 붓고 찬물을 섞었다.

처음엔 물 온도를 맞추는 것이 힘들었지만, 곧 선수가 되었다. 그리고 계량 눈금이 있는 물통에 여러 번 물을 부어 가며 대야에 들어가는 물의 양을 확인했다.

4리터. 대야에는 4리터의 물이 들어갔다. 1.8리터 생수병 2개를 다 부어도 모자라는 양이었다.

대야 하나에 물이 얼마나 들어가는지 확인하고 나니, 물을 얼마나 쉽게 쓰고 버리는지 알 수 있었다. 저녁에는 대야에 물을 두 번 담아 몸을 씻었고 아침에는 대야에 물을 한 번만 담아 헹구기로 했다. 손 씻고 양치하는 물까지 더해서 하루에 15리터로 사는 게 목표였다. 형제의 미션은 성공이었다.

11월이 되어 날씨가 추워지고 배관 공사가 끝나 다시 물이 나왔을 때 경석이 동생이 배시시 웃으며 말했다.

"그동안 내가 얼마나 물을 많이 썼는지 깨달았어. 모두 형 덕분이야."

경석이는 뿌듯함에 이단옆차기를 하며 하늘로 공중 부양을 할 수 있을 것만 같았다.

경석이가 선거 유세에서 반티 문제를 꺼낸 것도, 동생에게 물을 아끼자고 제안한 것도 모두 지속가능발전 연구 프로젝트에 참여한 덕분이었다.

건전무쌍 네 명은 어릴 때부터 같이 놀고 지내던 친구들이었다. 다른 학교는 축구를 많이 한다던데 건전무쌍이 다니던 학교는 농구로 유명해 농구공을 잡을 수 있을 때부터 같이 농구를 하며 놀았다. 봄에 영선이 엄마가 지속가능발전 연구 프로젝트 팀을 모집한다는 공고를 보고 영선이에게 친구들이랑 같이 지원해 볼 생각이 없냐고 물었다. 내용을 들여다보니 꽤 재미있을 것 같았다. 지속가능발전이라는 말이 좀 어렵긴 했지만, 아무래도 환경 얘기가 있을 것 같았고 그렇다면 과학 실험 같은 것도 할 수 있을까 싶었다. 영선이는 친구들에게 전화를 했다. 유치원도 같이 다닌 상원이, 어릴 때부터 같이 놀던 승환이, 나중에 전학을 왔지만 고학년이 되면서 친해진 경석이에게도 이 소식을 전했다. 상원이는 친구들이랑 1년 동안 한 가지 목적과 주제를 가지고 어울릴 수 있겠다는 생각에 흔쾌히 좋다고 했다.

"그거 어디서 주최하는 건데?"

승환이가 물었다.

"교육청이랑, 지구나눔연구소? 그런 데래."

"경기도 교육청?"

"어."

"그래. 좋아. 교육청에서 하는 거면 뭐 남는 게 있겠지."

"봉사 활동 점수도 준다고?"

경석이는 나중에 봉사활동 점수가 부족할까 봐 걱정하던 차였다.

"어, 그러네. 여기 써 있다. 16시간 준대."

"우아, 나 할래. 나 21시간 채워야 해."

이렇게 넷은 각자 다른 목적을 가지고, 그러나 친구들과 어울려 실컷 떠들 수 있겠다는 부푼 마음으로 지속가능발전 연구 프로젝트에 지원했다. 하지만 지원서 쓰기가 만만치 않았다. 중학교에 들어온 뒤 처음으로 도전하는 문제였다. 넷은 영선이 집에 모여 지원서를 하나씩 채워 나갔다. 서로 칭찬하고 격려하며 자기도취에 빠지기도 했다.

"야, 우리보다 더 잘한 데는 없을 거 같아."

"진짜 멋지지 않냐?"

"어, 진짜 멋져! 크하하!"

자화자찬을 하고서 서로 깔깔대고 웃었다.

"이제 팀 이름을 적어야 해. 뭐라고 하지?"

"교육감 짱 어때?"

승환이가 말했다.

"너, 교육감 알아?"

"아니."

"아부는 그렇게 대 놓고 하는 게 아냐. 은근히 해야지."

"이상해?"

"어! 이상해!"

승환이의 물음에 셋은 이구동성으로 대답했다.

건전무쌍의 지원서가 통과되었고, 연구 지원을 받게 되었다. 멘토 선생님들과 만나 연구를 잘 진행할 수 있도록 도움을 받고 필요한 교육도 받게 되었다. 수원에 있는 경기과학고까지는 조금 멀었지만 도착해 보니 학교가 근사했다. 그곳에서 다람쥐도 만나고 수족관과 과학 기구들도 구경하게 되어 신이 났다. 수원시 기후변화체험교육관 조성화 관장님의 강의도 멋졌고 인포그래픽 수업도 재밌었다.

건전무쌍은 3일간의 워크숍을 마치고 돌아와 연구 노트에 하나씩 적기 시작했다. 지역에서 나는 농산물을 사 먹는 이야기, 음식물 쓰레기와 과대 포장 줄이기, 고기 없는 월요일, 지속가능한 요리 등 여러 가지를 살펴보니 모든 생활이 환경 문제와 가까이 있었다.

예를 들어 사람들이 고기를 더 많이 먹게 되면 소나 돼지를 더 많이 길러야 한다. 특히 소는 사료를 많이 먹는다. 사료를 많이 만들기 위해 옥수수 같은 농작물을 더 많이 키워야 하는데, 사료용 식물을 키우려고 숲을 없애기도 한다. 숲을 자꾸 없애면 지구는 점점 숨 쉬는 게 힘들어진다. 소를 많이 키우지 못하거나 인구에 비해 소비량이 많아 고기가 부족한 나라는 다른 나라에서 고기를 수입해야 한다. 먼 나라에서 고기를 가져오려면 석유와 석탄을 연료로 쓰는 교통수단인 배를 이용해야 한다. 그리고 커다란 배에 실려 온 고기를 오랫동안 보관하려면 냉장고를 사용해야 한다. 냉장고는 프레온가스를 만들어 내고, 프레온가스는 공기 중에 퍼지고 오존층을 파괴한다. 이렇게 수입한 고기는 신선하지 않기 때문에 패스트푸드점에서 많이 쓰인다. 패스트푸드를 많이 먹으면 살이 찐다. 살이 찌면 헬스클럽에 가서 전기를 꽂은 러닝머신 위에 올라가 운동을 해야 한다. 으아아아아아. 어마어마하다!

건전무쌍은 머릿속이 복잡해졌다.

"음식 하나 때문에 이렇게 엄청난 일들이 일어난다면 지속가능발전 연구라는 게 생각보다 쉬운 걸 수도 있겠다. 가까운 데서 연구 주제를 찾을 수 있을 거 같아."

영선이가 말했다.

"우리가 하루 동안 하는 일들을 순서대로 적어 보면 주제를 찾기 쉬울 거 같지 않아?"

"응, 그럼 될 거 같아."

연구 주제를 찾는 일은 모두에게 어려운 일이었다. 들어 보니 건전무쌍뿐 아니라 다른 팀도 주제를 잡지 못해 난리라고 했다. 건전무쌍은 일단 중학생의 하루 생활을 이야기처럼 만들어 보기로 했다. 쓸데없는 낭비, 안 사도 되는 물건을 사는 등의 사소한 행동이 지구를 병들게 한다는 걸 알아챘기 때문이다.

 아침 7시 세수하기 ···▶ **물 사용량**

무쌍이는 학교에 가기 위해 아침 일찍 일어났습니다. 무쌍이는 아침을 먹고 물을 틀어 놓고 양치질을 합니다. 물을 잠그기 귀찮다는 이유만으로 말이죠.

 아침 8시 등교 준비 ···▶ **전력 소비 습관**

무쌍이는 이제 옷을 입고 가방을 챙깁니다. 그리고 휴대폰 보조 배터리를 충전해 놓고 학교로 갑니다. 휴대폰에 배터리가 넉넉하지 않아서 오후에 보조 배터리가 필요할 것 같기 때문입니다.

 아침 9시 1교시 수업 ···▶ **소비 습관**

무쌍이가 학교에 도착했습니다. 친구들을 만나 실컷 이야기를 나누다가 단짝 친구인 건전이에게서 못 보던 샤프를 발견했습니다. 무쌍이는 건전이에게 어디서 샀냐고 물어봅니다. 그 샤프를 사기로 마음먹은 것입니다. 필통이 불룩할 정도로 꽉 차 있는데 말이죠.

🕐 오후 12시 점심시간 ····▶ 잔반 문제

점심시간입니다. 아이들이 모두 콧노래를 부르며 기다리는 시간입니다. 오늘은 제육볶음과 쌈밥이 나오는 날이라 잔뜩 기대를 하고 급식실로 내려갔습니다. 아이들 모두가 급식을 한가득 받아왔습니다. 그런데 생각보다 맛이 없었습니다. 결국 아이들은 급식을 많이 남겼습니다.

🕐 오후 1시 5교시 시작 전 ····▶ 화장품 사용량

오늘도 역시 여자아이들은 화장을 하고 있습니다. 항상 점심시간만 되면 그 아이들은 편의점에서 사 온 삼각 김밥을 먹으며 화장품이 잔뜩 들어 있는 파우치를 꺼내 듭니다. 그리고 함께 모여 후문에 있는 거울 앞으로 가서는 입술을 칠하고 얼굴에 화장품을 바릅니다. 아침에 바르고 온 것이 다 지워졌기 때문이라고 합니다.

🕐 오후 4시 방과 후 회의 시간 ····▶ 학급 단체 티셔츠 구입 문제

학교 수업이 모두 끝났습니다. 오늘은 소풍가는 날 입을 단체옷을 어떤 것으로 할지 결정하는 회의를 하기로 하였습니다. 그래서 오늘은 학교가 늦게 끝납니다. 학원을 가야 하기 때문에 엄마에게 미리 말씀을 드려서 승용차를 타고 가기로 했습니다. 단체옷에 대한 회의를 마치고 학원에 간 후, 무쌍이의 하루는 막을 내립니다.

하루를 재구성해 보니, 이 중에서 주제를 찾으면 될 것 같았다.

글을 다 정리한 다음 아이들이 모두 승환이의 필통을 쳐다봤다.

"야, 네 필통이 젤 지속가능하지 않은 것 같다."

"그거 다 쓰긴 하냐?"

건전무쌍 아이들이 승환이에게 물었다.

"다 써! 너 여자애들 필통 봤어? 나는 껌이야."

승환이의 말이 끝나기가 무섭게 영선이가 승환이의 필통을 획 낚아챘다.

"샤프, 형광펜, 샤프⋯⋯ 샤프가 몇 개야? 멀티 펜, 색깔 펜⋯⋯. 야, 멀티 펜 있는데 색깔 펜은 왜 들고 다녀? 안 무겁냐?"

"이게 말이야, 다르거든. 그러니까 다 갖고 있어야만 할 거 같거든."

승환이가 장난스럽게 웃으며 대답했다.

"컴사(컴퓨터 사인펜)는 왜 들고 다녀? 이건 시험 볼 때만 있으면 되잖아."

"아, 알았어 알았어. 줄이면 되잖아!"

승환이는 필통을 받아들고는 민망해했다.

같은 반 여자아이의 필통에는 펜이 40개쯤 들어 있었다. 건전무쌍은 이에 대해 설문 조사를 실시했다.

"볼펜을 새로 사는 이유는? 지우개가 다 닳을 때까지 써 본 적 있나? 지우개를 다 쓰지도 않고 사는 이유는?"

친구들은 스스로 설문지에 답변하면서 어딘가 켕기는 모습이었다. 볼펜을 새로 사는 이유로 가장 많이 나온 답은 '새것을 사고 싶어서'였고, 지우개가 다 닳을 때까지 써 본 친구는 한두 명뿐이었다. 지우개를 새로 사는 이유는 '잃어버려서'와 '맘에 드는 새 지우개를 발견해서'였다.

건전무쌍은 학교가 끝날 때가 되면 거울 앞에 몰려가 화장하는 여자아이들을 보고 화장품의 지속가능성에 대해서도 생각했다. 집에 돌아가 각자 엄마, 아빠가 쓰는 화장품의 성분을 적어서 인터넷으로 검색해 보았다. 잘 지워지지 않는 립스틱엔 수은까지 들어 있다고 한다. 아이들은 엄마의 화장대를 뒤지며 혹시 수은이 들어간 립스틱이 있을까 조마조마했다. 그런데 화장품에 관한 주제는 건전무쌍 네 친구의 생활과 밀접하지 않았다. 계속 누군가한테 물어봐야 하는 문제였다. 승환이 누나가 화장품 문제도 심각하다고 알려 줬지만, 아무래도 좀 더 건전무쌍과 가까운 문제가 좋겠다는 생각이 들었다. 점심 급식 후의 잔반 문제도 그랬다. 며칠 동안 유심히 관찰한 결과, 잔반은 그리 많지 않았고 모두 동물 사료로 쓰이거나 재활용된다 하니 문제점을 발견하기 어려울 거 같았다.

날씨가 쌀쌀해졌다. 날이 추워지자 승환이는 크리스마스 생각이 났다. 크리스마스 장식 문화에 대해서 연구해 보자고 의견을 냈다. 승환이는 연구 노트에 내용을 꼼꼼히 정리했다.

"크리스마스에 선물을 받잖아. 그게 부익부 빈익빈 문제가 있는 것 같아."

"부자들은 비싼 선물을 사서 주고 받고, 가난한 애들은 선물은 꿈도 못 꾸는 거?"

"그렇지. 크리스마스는 좋은 의미를 지닌 날인데, 선물 때문에 기분이 좋지 못한 사람도 생길 수 있잖아. 그 왜…… 있잖아, 쟤는 있고 나는 없고, 그런 말."

"상대적 박탈감."

영선이가 거들먹거리는 표정을 지으며 대답했다.

"우아!"

아이들이 영선이에게 엄지를 들어 보였다.

상원이는 사람들이 크리스마스에 얼마나 많은 돈을 쓰는지 인터넷으로 조사했다. 한국에 대한 자료보다 미국에 대한 자료가 많았다. 미국에서 크리스마스는 우리의 추석만큼 중요한 명절인 것 같았다.

건전무쌍 아이들은 크리스마스 때, 빈부격차에 따라 씀씀이가 얼마나 차이가 나는지 알아보기로 했다. 일단 경기도의 땅값을 조사했다. 가장 비싼 곳과 가장 싼 곳의 차이가 엄청났다. 크리스마스에 제일 많이 팔리는 장난감의 종류도 조사했다.

워크숍 때, 크리스마스를 주제로 다른 팀들과 월드카페식 토론을 했다. 다양한 의견이 나왔다. 접이식 크리스마스트리를 만들면 어떻겠느냐는 아이디어와 크리스마스트리로 진짜 나무를 쓰면 친환경일 것 같지만 사실 나무가 엄청난 스트레스를 받는다는 얘기도 나왔다. 결국, 크리스마스트리는 전기를 사용하니 화재와 감전 사고 우려도 있고 전기 사용량도 많아 지속가능발전을 방해한다는 결론을 내렸다.

건전무쌍은 좋은 주제를 잡았다고 서로 어깨를 잡고 기뻐했다. 하지만 멘토인 임종길 선생님의 의견은 달랐다.

임종길 선생님은 학교에 연못을 만들고 식물원을 가꾸는 환경 보호주의자 미술 선생님이다. 거침없이 말을 해서 가끔 학생들의 기를 죽이기도 했지만 늘 정확한 말만 했다. 선생님은 크리스마스트리 장식 문제는 많은 사람들이 공감할 수 있는 주제가 아니라고 조언했다.

건전무쌍은 크리스마스가 다가오자 크리스마스 분위기에 취해 주제를 섣불리 잡은 것이 아닌지 의논했다. 그리고 다시 설문 조사 결과지를 바탕으로 주제를 좁혔다.

물 낭비도 심하지 않았고, 필기구에 집착하는 아이들은 소수였고, 화장품도 생각보다 많이 사지 않았다. 그러나 반티의 경우는 달랐다. 학교에서 총 101명의 학생들에게 설문지를 돌리고 의도를 설명했다. 그중 69명의 학생이 환경 문제에 관심이 있다고 대답했고, 101명 중의 58%는 반티와 모양새나 소재가 비슷한 반팔 면 티를 6장 이상 충분히 가지고 있다고 대답했다. 반팔 면 티가 몇 장인지 정확하게 모른다고 대답한 학생들도 34%나 되었다. 설문 조사 결과, 필기구, 화장품, 물 낭비, 크리스마스 중에 가장

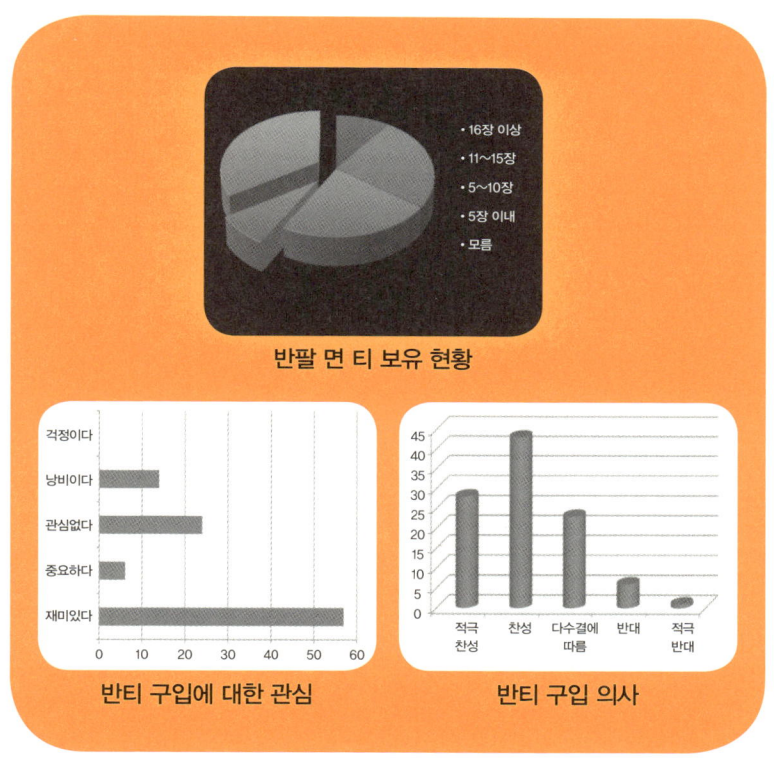

문제점을 많이 발견할 수 있는 것이 반티였다.

반티는 반마다 맞추는 티셔츠다. 매년 행사가 있을 때 같이 입자고 맞추는 티셔츠로, 우리 반만의 유니폼이다. 반티를 정할 때만큼 학급 회의가 활발할 때가 없었다. 아이들은 반티 문제에 대해서는 상당히 적극적이었다. 특히 여자아이들이 유난히 그랬다. 다른 반보다 더 개성 있게 입어야 한다는 의견이 강했다. 문제는 이 반티를 매년, 매번 사야 한다는 거다. 한두 번 입고 더는 입지 않을 반티를 말이다.

"너무 비싸."

"너희는 얼마 들었어?"

"만 칠천 원인가?"

"몇 번 입었어?"

"나야 한 번 입었지. 더 입을 일이 없어서."

"그냥 입어도 되잖아."

"근데 참 이상하지? 반티는 한 번 입으면 안 입게 된단 말이야."

"반티는 색깔만 맞춰도 되지 않아? 집에 있는 것 중에서 색깔이 비슷한 게 있으면 그걸로 입어도 될 거 같은데."

"근데 꼭 단체로 사려고 하잖아."

"낭비야."

아이들은 잠시 팔짱을 끼고 침묵했다. 상원이가 책상을 탁 쳤다.
"이거로 하자. 반티 문화. 환경 오염, 패스트패션, 과소비, 지속 가능발전의 취지와 완전히 반대야."

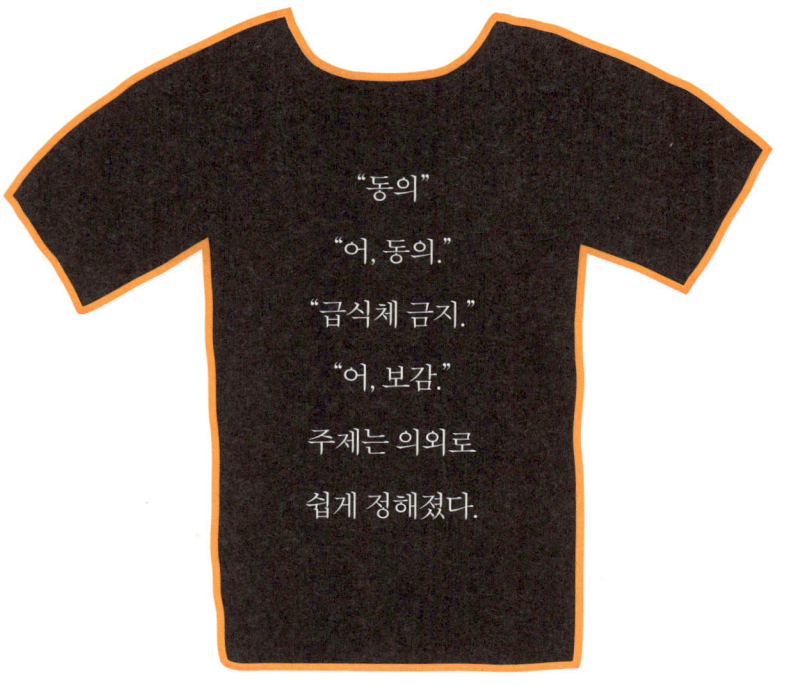

"동의"
"어, 동의."
"급식체 금지."
"어, 보감."
주제는 의외로
쉽게 정해졌다.

다시 설문 조사에 들어갔다. 설문 조사의 응답자 중 63%가 반티를 정하고 사는 일이 재밌고 중요하다고 생각했다. '관심 없다'는 24%, '문제가 있다'고 대답한 사람은 한 명도 없었다. 대부분의 친구들은 티셔츠 한 장 새로 사는 것을 그다지 심각하게 생각하지 않았고 재미있는 놀이처럼 생각했다. 한 번 입고 말 거라며 품질에 대해서도 기대하지 않았다. 해마다 반티를 맞춰 입지 않은 반은 없었고, 전체 734명의 학생이 평균 12,600원에 반티를 샀다. 1년에 전교에서 반티를 사기 위해 쓰는 돈이 930만 원을 넘었다.

반티 구입에 반대하겠다는 친구는 7%에 불과했다. 응답자 중 71%는 재미있으니까 내년에도 반티 사는 일에 찬성하겠다고 했다. 한 번 입고 말 티셔츠를 위해 물이 얼마나 낭비되는지에 대해서는 아무도 알지 못한다는 걸 알게 된 건전무쌍은 이보다 좋은 주제는 없다고 결론 지었다.

하지만 건전무쌍은 실패했다. 반티를 매번 맞추는 것이 문제라고 생각했지만, 친구들은 건전무쌍의 문제 제기에 공감하지 못했다. 참신하다는 얘기는 들었지만 선생님들만 좋게 본 것 같았다. 환경보다 당장의 재미가 더 중요하다는 것이기도 했지만, 같은 반 친구들끼리 함께 만들어 가는 추억도 중요하게 생각하는 것이었다.

"환경에 대해 생각하지 않는다고 해서 생각이 없다고 말할 수는 없을 것 같아. 각자 자기에게 더 중요한 게 있을 수 있으니까 말이야."

"우리는 물건을 사고 쓰는 것에 대해 너무 무감각한 것 같아."

"그냥 돈만 내면 되니까. 단 한 번의 소비나 물건 하나가 복잡한 환경이나 산업에 얽혀 있다는 걸 우리도 이번에 처음 알았잖아."

"어쩌면 친구들은 우리가 너무 튄다고 생각했을 거 같아."

"잘난 척한다고 봤을지도 모르지."

"그래도 아는 사람이 먼저 얘기를 해야 하지 않아?"

"그건 그래. 근데 그게 참 힘든 일이라는 걸 알았어, 이번에."

"캠페인 같은 거 말이야. 그런 거 하는 사람들은 되게 힘들겠다."

상원이의 말에 친구들은 고개를 끄덕이며 생각에 잠겼다.

"남들이 알아주지 않는 것, 아무 문제가 없다고 하는 주제를 가지고 '여러분, 바로 이게 문제입니다. 이런 게 환경을 파괴해요. 북극곰이 사라지고 있어요'라고 매일 얘기할 수 있을까?"

"힘들겠지. 혼자 할 수 있는 일은 아닌 거 같아."

"그래서 우리는 같이 했잖아."

"너무 기간이 짧았나?"

건전무쌍은 친구들이 자기들의 활동을 외면한 게 섭섭했다.

"그래도 주제 선정은 정말 잘한 거 같지 않냐?"

영선이가 자신만만한 표정을 지으며 씩 웃었다.

"나는 이 한 가지 주제로 정말 많은 걸 할 수 있어서 좋았어. 수행 평가도 했지, 방학 숙제도 했지, 책도 읽었지. 그리고 우리가 어디서 프레젠테이션으로 발표를 해 보겠어? 학교에선 제대로 해 본 적이 없잖아."

정리왕 승환이도 받아쳤다.

"승환아, 너 힘들지 않았어?"

상원이가 승환이를 보며 물었다.

"뭐가?"

"그렇게 꼼꼼히 다 정리하고 적고 혼자 기 쓰고. 힘들었을 거 같아."

"이게 다 나한테 도움이 되는 건데 뭐……."

승환이가 쑥스러워했다.

"난 좀 부끄럽다."

경석이가 말했다.

"뭐가?"

"난 봉사 활동 점수 때매 시작했거든. 큰 의욕 없이. 근데 하면서 많은 걸 깨달았어. 내가 되게 무식했구나 생각도 들었고."

아이들이 경석이를 손바닥으로 한 대씩 쳤다.

"그렇게 의욕이 없어서 한 여름에 물 데워서 씻었어?"

영선이가 말했다.

"그러게 말이야. 의욕이 없어서 학생회 부회장 공약으로 걸었나 봐."

상원이도 경석이를 놀렸다.

"너는 실천을 했잖아. 난 그게 진짜 최고인 거 같아. 난 네가 물 데워 쓴다고 할 때 미친 줄 알았어."

승환이의 말에 건전무쌍 모두가 깔깔대고 웃었다.

건전무쌍은 1년간 주제를 찾아 헤매다가 연구가 끝날 때가 다 되어서야 주제를 정할 수 있었다. 주제를 정하는 일은 정말 어려웠다. 누구도 정답을 가르쳐 주지 않아 벌판에서 보물찾기를 하는 기분이었다. 주제를 정하고 조사를 하고 선거 공약으로 내걸어 선거 운동까지 하고 나서야 스스로 해 나가는 게 뭔지 깨달았다. 그것도 어렴풋이.

주제 정하기

주제 정하기가 어려울 때는 다음과 같이 해 보세요.

❶ 생활 속에서 내가 자주 만나고 접하는 사건이나 사물에 주목해 봐요.
❷ 매일 만나는 물건, 매일 일어나는 일이 길게 연구할 수 있는 가장 좋은 주제예요.
❸ 너무 거창하거나 남들이 다 하는 이야기는 피하는 게 좋아요.
❹ 커다란 주제라도 나에게만 일어나는 작은 소재를 찾아 봐요. 예를 들어 물 부족에 대해 주제를 잡고 싶다면 '우리 집에서 사용하는 물 사용량 …▶ 온수 사용량 …▶ 세수할 때 쓰는 물의 양'처럼 점점 주제를 좁혀 나가는 게 좋아요.
❺ 나는 매일 접하는 일이지만 남들은 아닌 경우도 많아요. 그럴 때는 친구들과 이야기를 나누며 의논해요.
❻ 연구할 수 있는 주제는 대부분 집이나 학교에 있어요. 주제를 빨리 선정할수록 연구 결과도 좋아져요.

[빙글뱅글 탐험대]

놀이터는 외로워

수원 대평초등학교 **구민준, 김민준, 정진석**

 **메르스가 돈다고 난리였다.** 가까운 평택에서 환자가 발생했고 경기도 남쪽이 비상이었다. 모두들 마스크를 써야 한다고 했고 학교를 쉬어야 한다는 얘기도 들렸다. 엄마는 며칠째 컴퓨터에 앉아 내내 메르스에 대한 기사만 보고 있었다. 학교마다 현장 체험 학습이나 수학여행이 모두 취소되었다.

민준이는 오늘 학원 수업이 없어서 엄마에게 허락을 받고 텔레비전을 보고 있었다. 계속 메르스 얘기가 나왔다.

'아, 지겨워. 이러다 다 죽는 거 아냐? 메르스 걸리면 진짜 죽나? 엄청 아프겠지?'

엄마는 열심히 컴퓨터 모니터를 들여다보고 있었다.

'치킨 시켜 달라고 할까? 엄마가 시켜 줄까? 조류독감까지 터지는 건 아니겠지?'

민준이는 엄마의 등을 가만히 바라보았다.

엄마 뒤로 보이는 베란다 바깥의 공기도 뿌옜다.

'지구 종말이 온 게 분명해.'

미세 먼지 때문에 봄 내내 힘들었다. 그러더니 메르스라는 전염병까지 돌고……. 정말 이러다 핵폭발이라도 일어나면 어쩌나 싶었다.

'내일 지구의 멸망이 올지라도, 오늘 한 마리의 닭을 먹겠다.'

민준이는 치킨을 꼭 먹어야겠다고 생각했다.

'사 줄까, 안 사 줄까? 사 줄까, 안 사 줄까?'

민준이는 계속 엄마의 눈치를 살폈다.

"엄마."

민준이가 용기를 내어 엄마를 불렀다.

"엄마, 메르스 말이야. 언제까지 계속될까?"

"엄마도 그게 궁금해. 이제 좀 잡히는 거 같아."

엄마의 눈은 계속 모니터를 향해 있었다. 마우스를 쥔 엄마의 손가락이 바삐 움직였다.

"민준아!"

엄마가 갑자기 휙 고개를 돌려 민준이를 바라봤다. 눈이 반짝거렸다.

'헉, 무서워. 왜 저래.'

"민준아, 이리로 와 봐. 이거 봐 봐, 얼른."

민준이는 궁둥이를 슬슬 움직여 천천히 엄마에게 다가갔다.

"민준아, 이거 교육청이랑 지구나눔연구소라는 데서 하는 거래. 재밌을 거 같아. 친구들이랑 해 보면 어때?"

엄마는 컴퓨터 화면을 손가락으로 가리켰다.

"이게 뭔데?"

"지속가능발전이라는 주제로 1년 동안 연구하는 거래."

"공부하라는 거야?"

"아니, 너희들이 주제를 찾고 그 주제에 대해서 연구하는 거야."

"연구가 뭔데?"

"음……. 누가 가르쳐 주는 대로 외우는 게 아니라, 스스로 탐구하고 조사하고…… 그러는 거겠지?"

"이거 하라고?"

"아니 권하는 거야. 하라는 게 아니고. 친구들이랑 같이하면 재밌을 거 같지 않아?"

"연구가 재밌어?"

"재밌게 하면 되겠지. 모둠 활동을 1년 동안 하는 거라고 보면

돼. 너 과학 좋아하잖아. 작년에 학교에서 한 것도 재밌었다며?"

엄마가 의자에서 일어서고, 민준이가 그 자리에 앉아 스크롤을 내리며 설명을 읽었다.

"나도 몰랐던 지구 사용법."

민준이는 지원서와 포스터를 열심히 읽었다. 뭔지 잘 모르겠지만 친구들과 1년 동안 같이 수업을 하러 다닐 수 있고, 주제도 자유롭게 정할 수 있다니 재미있을 것 같았다. 광고, 디자인, 스토리텔링에 대한 수업도 들을 수 있다고 적혀 있었다. 민준이는 친구 두 명을 떠올렸다. 어릴 때부터 같이 축구도 하고 같은 반이기도 했던 절친 두 명. 진석이와 이름이 같은 구민준이다.

"엄마!"

민준이가 엄마를 불렀다. 엄마는 주방에 서서 냉장고를 열어보고 있었다. 저녁에 뭐 먹을지 고민하는 게 분명했다.

"엄마, 나 치킨 시켜 줘."

"뭐?"

"치킨 시켜 달라고. 이거 할 테니까. 치킨 먹으면서 생각 좀 해 보려고."

엄마가 팔짱을 끼고 맘에 안 든다는 표정으로 민준이를 쳐다봤다. 그러더니 휴대폰으로 치킨 집 전화번호를 찾았다.

"뭐 먹을 건데?"

"후라이드."

민준이는 심드렁하게 답했다. 하지만 민준이의 속마음은 이랬다.

'아싸, 치키인!'

민준이는 진석이와 또 다른 민준이에게 엄마가 소개해 준 연구 활동에 대해 이야기했다.

"여름에 시작해서 수업 좀 듣고 그다음에 주제를 정해서 연구하는 거래. 우리 셋이 같이 다닐 수 있어."

"지속가능발전이 뭐야?"

"나도 잘 몰라. 근데 여기 쓰여 있는 거 보면 '미래 세대의 필요를 훼손하지 않는 범위에서 현 세대의 필요를 충족시키는 발전'이라고 되어 있어."

"환경이나 친환경 에너지 같은 거 말하는 건가?"

"그런 것도 포함되나 봐. 내가 인터넷으로 찾아봤는데, 아프리카 기아 문제나 깨끗한 물, 뭐 그런 얘기도 있고, 교육 문제도 있고, 여러 가지던데?"

"어렵다."

"할 수 있을까?"

"할 수 있으니까 초등학생도 모집하겠지."

"어? 봉사 점수도 주네."

"하고 나면 기분이 좋을 거 같아."

"너 하려고?"

"혼자 못 해. 최소 세 명 이상이어야 한대."

"너 하고 싶다는 거지?"

구민준이 김민준에게 물었다.

"어, 너희랑 같이."

민준이의 대답에 진석이가 씩 웃었다.

"네가 하고 싶다면 같이 해야지."

"그래, 그러지 뭐. 딱히 할 것도 없는데."

또 다른 민준이도 고개를 끄덕이며 말했다.

아이들은 모여 앉아 지원서를 들여다 봤다.

"근데 이거 좀 어렵다."

"답이 없는 거 같아."

"답이 없는 물음이라고 써 있잖아."

"흠……."

아이들은 지원서에 적힌 알쏭달쏭 퀴즈 같은 질문에 빠져들었다.

"눈이 안 보이는 사람에게 녹색을 설명해 보래."

"생각나는 대로 한번 적어 보자."

아이들은 머리를 맞대고 이야기를 나눈 다음, 한 문장씩 적어 나갔다.

녹색 나물 먹기, 시원한 바람 맞기, 나뭇잎 만지기, 숲에 같이 가기, 풀밭 맨발로 걷기, 더운 날 울창한 나무 그늘 아래 앉아 있기, 향긋한 허브 향기 맡기, 초록색 애벌레 만져 보기.

"야, 이건 일상생활에서 녹색 느껴 보기, 그런 거 같은데?"

"그런가? 그럼 이건 더 생각해 보고, 다음 문제!"

"ㄱ에서 ㅎ까지 한글의 닿소리를 하나씩 이어서 짧은 글을 만들어 보래."

"오, 이거 재미있겠다!"

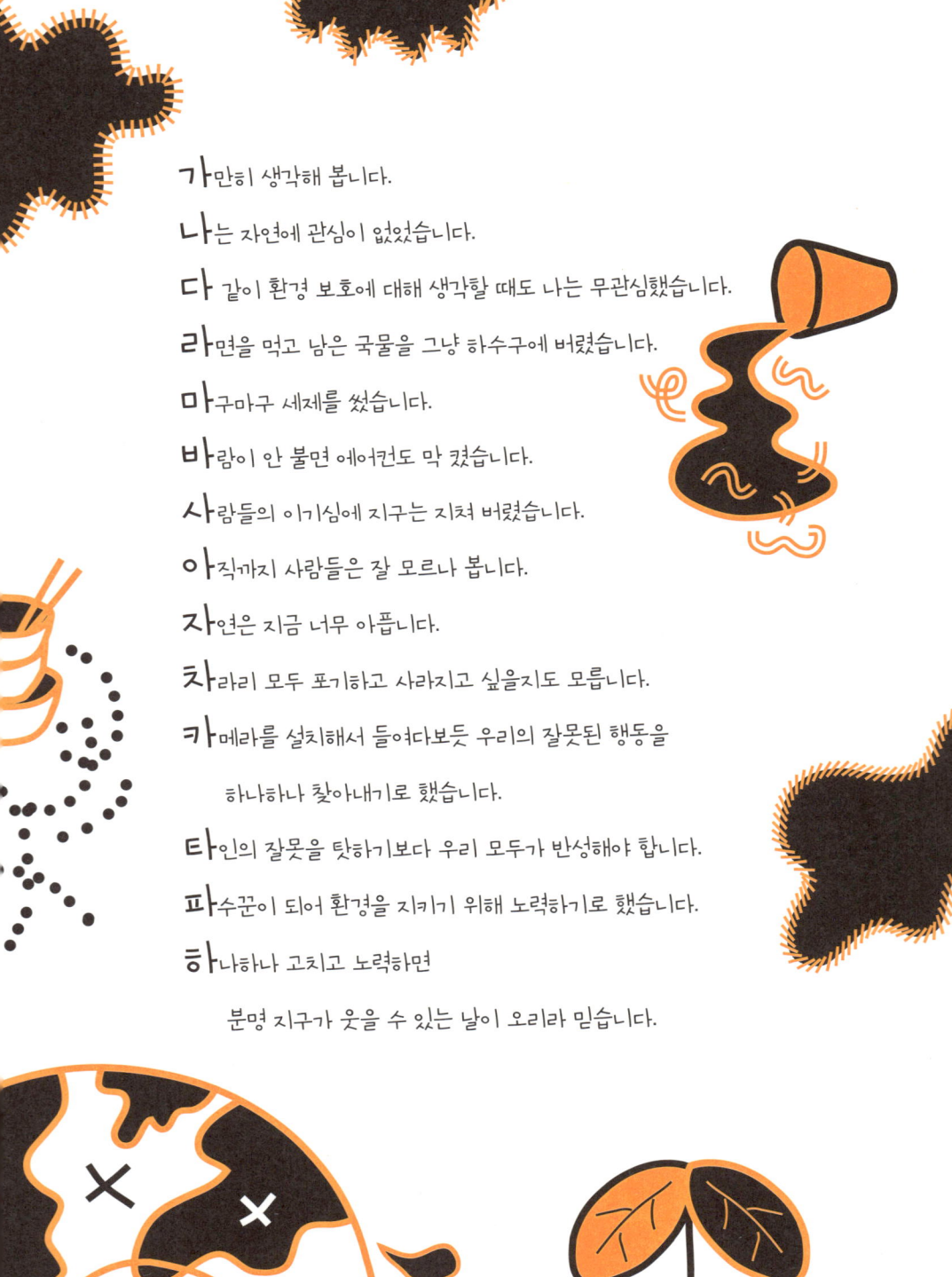

가만히 생각해 봅니다.

나는 자연에 관심이 없었습니다.

다 같이 환경 보호에 대해 생각할 때도 나는 무관심했습니다.

라면을 먹고 남은 국물을 그냥 하수구에 버렸습니다.

마구마구 세제를 썼습니다.

바람이 안 불면 에어컨도 막 켰습니다.

사람들의 이기심에 지구는 지쳐 버렸습니다.

아직까지 사람들은 잘 모르나 봅니다.

자연은 지금 너무 아픕니다.

차라리 모두 포기하고 사라지고 싶을지도 모릅니다.

카메라를 설치해서 들여다보듯 우리의 잘못된 행동을

　　하나하나 찾아내기로 했습니다.

타인의 잘못을 탓하기보다 우리 모두가 반성해야 합니다.

파수꾼이 되어 환경을 지키기 위해 노력하기로 했습니다.

하나하나 고치고 노력하면

　　분명 지구가 웃을 수 있는 날이 오리라 믿습니다.

"와, 내가 봐도 멋져."

"합격이야."

"누구 맘대로?"

"아냐, 이건 누가 봐도 멋져."

빙글뱅글 탐험대는 지구나눔연구소의 연구 팀 모집 이전에도 학교에서 모둠 활동을 여러 번 했다. 작년에는 놀이터의 새로운 놀이 기구를 고안해서 그걸 그림으로 표현하고 토론하는 대회가 열렸다. 교내 모든 학생이 참여하는 거라 빙글뱅글 탐험대의 세 친구도 참여했다.

두 민준이와 진석이가 발명한 놀이 기구는 자전거와 빙빙이를 합친 것으로 놀이와 운동을 함께 할 수 있는 기구였다. 놀이 기구의 가운데에는 순서를 기다리는 아이들이 앉는 의자가 있고, 아이들이 순서를 기다리며 자전거의 페달을 돌리면 에너지가 발생한다. 그 에너지로 기구가 자동으로 빙빙 돌아가는데, 놀이 기구의 천장에도 태양열 집열판이 있어서 운동에너지와 빛에너지를 동시에 쓸 수 있다. 친환경 에너지도 사용하고 운동도 할 수 있는 놀이 기구였다.

아이들은 이 놀이 기구를 떠올리며 팀 이름을 빙글뱅글 탐험대라고 지었다.

"캠프도 간다며? 나 캠프 한 번도 못 가 봄."

진석이가 벙글거리며 말했다.

"나도 못 가 봄."

"재밌겠다. 같이 자고 오는 거지?"

아이들은 연구 주제나 과제가 어렵더라도 친구들이랑 같이 캠프도 가고 수업도 들으면 재미있을 거라고 생각했다. 설사 많이 어렵더라도 괜찮을 거라고 생각했다. 함께니까. 민준이는 민준이를, 또 민준이는 진석이를, 진석이는 민준이를 굳게 믿었다.

"북극곰 얘기도 써?"

"그건 다른 팀도 쓸 거 같아."

"하긴. 그럼 북극곰은 빼자."

빙글뱅글 탐험대는 정성스럽게 지원서를 만들어 연구 팀에 지원했다.

7월 말, 드디어 결과가 발표되었다. 홈페이지에서 결과를 확인한 빙글뱅글 탐험대는 얼떨떨했다. 진짜 뭘 해야 할지 실감이 나지 않았기 때문이었다.

8월에는 아이들이 기대했던 학생 연구단 캠프가 있었다. 캠프 전에 과제가 주어졌다. 자신이 아는 재미있는 이야기를 하나씩 써서 올리고, 지구나눔연구소의 엠블럼을 디자인하고, 우리가 사용하는 쓰레기 종량제 봉투를 어떻게 바꾸면 좋을지 정리해서 카페에 올리는 것이었다.

셋은 서로 그림을 못 그린다고 쩔쩔 매면서도 열심히 지구나눔연구소의 엠블럼을 디자인했다. 빙글뱅글 탐험대는 빙글뱅글 자전거 놀이에서 상상했던 것을 가지고 엠블럼을 만들었다. 그리고 지구를 영어로 Earth라고 하니까 E로도 만들어 보고, Global

빙글뱅글 탐험대가 만든 엠블럼들

의 G로도 만들어 보았다. 그리고 지구, 환경, 쓰레기, 지킴이, 물 부족에 대한 이야기를 나누며 몇 가지를 더 만들었는데, 아무래도 빙글뱅글 탐험대의 상징은 자전거라서 자전거 엠블럼이 제일 맘에 들었다.

드디어 캠프 날! 생전 처음으로 셋이 함께 가 보는 캠프였다.
민준이 어머니의 차를 타고 가는 내내 셋의 얼굴에는 웃음이 떠나질 않았다. 민준이 어머니가 손을 흔들며 주차장을 빠져나가자 셋은 동시에 환호성을 질렀다.
"야호!"
"캠프다!"
셋은 어깨를 걸고 발을 구르며 폴짝폴짝 뛰었다.
저쪽에서 중, 고등학생들이 버스에서 내려 걸어오고 있었다. 셋은 조용히 해야 할 거 같아 쭈뼛대며 형, 누나들을 따라 교실로 들어갔다.
캠프는 3일간 진행되는데, 강의와 직접 체험해 보고 만들어 보는 수업으로 구성되어 있었다. 수업은 예상과 달리 재미있었다. 생전 처음 듣는 얘기들이라 신기하고 흥미로웠다. 마치 대학생들이 들을 것 같은 내용이었는데 선생님이 쉽게 설명해 줬다. 어렵게만 보이던 것을 이해하며 듣다 보니, 뇌가 커지는 기분이었다.

어떤 내용은 지루해서 가끔 졸기도 했고, 어떤 내용은 어려워서 답답하기도 했다. 특히 인포그래픽 강의는 흥미로워서 다 이해하고 싶었는데, 한 번도 들어 본 적 없는 내용이라 어려웠다. 하지만 포기하고 싶다는 생각보다는 좀 더 잘하고 싶다는 욕심이 생겼다.

첫 워크숍에서는 캠프 전에 주어진 주제에 대한 연구 결과를 발표하는 시간이 있었다. 모든 참가자는 '지속가능한 종량제 봉투'라는 연구 주제를 미리 숙제로 받았다.

빙글뱅글 팀은 괜스레 걱정이 되었다. 고등학생 형, 누나들도 같은 주제라서 비교될 것 같았고, 연구 결과의 수준이 제일 낮을 것만 같았다.

"떨려."

"괜찮아."

"죽을 거 같아."

"숨 쉬어."

민준이가 호흡을 길게 했다.

"내가 인공호흡해 줄게. 너 쓰러지면."

구민준이 김민준의 어깨를 두드렸다.

셋은 무대 위에 나란히 서서 사람들을 바라보았다. 마이크를 잡은 민준이의 귀가 새빨개졌다.

"안녕하십니까? 저희는 대평초등학교 5학년 빙글뱅글 탐험대입니다. 저는 김민준."

소개를 마친 민준이가 민준이를 바라보았다.

"저는 구민준."

"정진석입니다."

세 사람이 소개를 마치자, 사회를 맡은 선생님이 마이크에 대고 말했다.

"뭐라고 했죠? 이름이 잘 안 들려요. 크게 얘기해 주세요."

셋 다 얼굴이 시뻘게졌다.

"아, 귀여워."

누나들이 킥킥대며 입을 가리고 웃었다. 셋은 가만히 서서 목을 가다듬었다. 1초가 천 년처럼 느껴졌다.

"김민준."

"구민준."

"정진석입니다."

"와아!"

형, 누나들이 크게 박수를 치며 환호성을 질렀다. 아직 아무것도 안 했는데 말이다.

'우리 보고 잘하라고 응원해 주나 보다.'

이렇게 생각하니 가슴이 뭉클해졌다. 하아, 숨을 쉴 수 있을 것 같았다. 잘할 수 있을 것 같았다.

"저희는 쓰레기 종량제 봉투의 문제점을 알아보기 위해 저희 학교 학생 오십 명에게 설문 조사를 했습니다. 결과는 다음과 같습니다. 총 오십 명 중에 '불만이 있다'가 서른여덟 명, '불만이 없다'가 열두 명으로 나왔습니다. 재료의 문제점은 잘 찢어진다, 미끄럽다, 이에 대한 해결 방안으로는 찢어지지 않는 질긴 재질로 만든다, 약간 올록볼록한 재질로 만든다 등이 있었습니다."

민준이가 설문 조사 결과를 빠르게 읽었다. 숨이 찰 지경이었다.

"설문 조사를 할 때 거절한 사람도 있었고 성의 없이 대답한 사람도 있었습니다. 생각보다 사람들이 환경 문제에 대해서 관심이 없다는 것을 알고 놀랐습니다."

구민준이 또박또박 읽어 내려갔다.

"저희 빙글뱅글 탐험대는 우리의 이번 프로젝트가 왜 필요한지 잘 알게 되었습니다. 우리부터 지구 환경에 관심을 갖고 지구를 위하는 방법을 배워서 주변 어른들과 친구들에게 자세히 가르쳐 주어야, 아니 알려 주어야겠다고 생각하게 되었습니다."

진석이가 준비한 자료의 마지막 부분을 읽었다.

사회를 보는 선생님과 멘토 선생님들의 얼굴에 미소가 가득했다.

'아, 끝났다.'

민준이와 민준이, 진석이가 발표를 마치자 형, 누나들이 환호성을 지르며 크게 박수를 쳤다. 사회자 선생님은 설문 조사를 직접 했다니 정말 대단하다며 칭찬을 아끼지 않았다. 아이들은 다리에 힘이 풀려 그 자리에 그대로 쓰러질 것 같았다.

이제, 캠프를 마쳤으니 주제를 정해

야 했다. 하지만 주제 정하기는 여전히 어려웠다. 작년에 학교에서 과학 토론을 할 때 다루었던 주제인 놀이터에 대해 다시 한 번 이야기해 볼 것인지, 수원의 자랑거리인 화성에 대해 다뤄 볼 것인지 의견이 나뉘었다. 빙글뱅글 탐험대는 캠프 후에 멘토 샘을 찾아갔다.

"그럼, 생각나는 대로 종이에 적어서 여기 붙여 보자. 이걸 브레인스토밍이라고 해. 알지? 그러다 보면 생각이 정리되지 않을까?"

멘토 샘이 차근차근 말했다.

아이들은 수원 화성에 대해 떠오르는 것을 하나씩 종이에 적어 붙였다. 놀이터에 대한 생각도 하나씩 종이에 적어 분류하며 붙여 보았다.

브레인스토밍 결과, 놀이터가 아이들의 생활에 더 밀접하기 때문에 놀이터에 대해 조사하고 연구하는 것이 훨씬 더 쉽겠다는 결론이 내려졌다. 처음 주제에 대해 이야기를 나눌 때는 놀이터를 주제로 정하는 것에 주저했다. 놀이터마다 모두 같은 놀이 기구가 있으니, 별게 있겠나 싶어서였다. 그런데 그게 문제였다. 재미있게 놀 수 있는 기구도 별로 없고 모든 놀이 기구가 다 빤하고 지루했다. 지금까지 당연하다고 생각했던 게 문제로 느껴지자 무얼 할 수 있을지 확실해졌다.

"자, 원래 그런 거니까 그러려니 했던 게 문제라고 느껴진다는 거지? 그럼, 너희들이 생각하는 놀이터의 문제점이 뭔지 하나씩 얘기해 볼까?"

선생님의 말씀에 아이들은 하나씩 자기 의견을 종이에 적었다. 그 종이를 모두 붙여 놓고 차례로 이야기를 시작했다.

"위험한 데가 너무 많아요. 아주 어린 아기부터 청소년이 다 같이 놀 수 있는 놀이터는 못 본 거 같아요."

"그네 주변에 쇠로 테두리를 쳐 놓은 데가 있는데, 아기들이 걷다가 꽝 하고 부딪히는 경우도 많이 봤어요."

"놀이 기구가 다 거기서 거기예요. 그러니 재미가 없고, 그러다 보니 더 위험하게 놀기도 하고요. 미끄럼틀이 너무 낮으니까 거꾸로 올라가거나 기구의 꼭대기까지 올라가서 점프도 하고요."

"고학년들도 놀이터에서 놀고 싶을 때가 있는데 놀 수 있는 기구가 없어요. 다 너무 작아서요. 전부 저학년이나 유치원 아이들에게 맞춰진 거 같아요."

"휠체어 탄 친구들이 놀 수 없는 데도 많아요. 예전에 저희 동네에 그런 친구가 있었는데, 아예 들어가질 못했어요. 계단으로 되어 있거나 턱이 있고, 그네에 옮겨 탈 수도 없잖아요. 휠체어를 타도 팔은 쓸 수 있는데⋯⋯. 그 친구가 탈 수 있는 기구는 없었어요."

"저는 그네를 타고 나면 그넷줄 때문에 손에서 쇠 냄새 나는 게 싫어요. 또 겨울엔 너무 차갑고, 여름엔 너무 뜨겁고요. 철로 된 기구가 많은 것도 문제인 거 같아요."

아이들은 커다란 종이에 놀이터마다 있는 기구들을 그려 보았다. 철봉, 그네, 미끄럼틀, 시소⋯⋯. 그리고 각각의 기구에다 상상력을 더해 보았다.

그네에 지붕이 있으면 어떨까? 비 오는 걸 보면서 그네를 탈 수 있다면? 철봉에 자전거가 달려 있어서 제자리에서 계속 자전거를 탈 수 있다면? 미끄럼틀에 정글짐을 붙여서 미끄러지다 미로 탐험을 할 수 있다면?

아이들은 선생님과 나눈 이야기를 정리했다.

자연친화적이고 장애인도 사용할 수 있는 놀이터, 저학년과 고학년이 모두 어울려 놀 수 있는 놀이터, 체력도 기르고 휴식도 취할 수 있는 놀이터, 친구들과 우정을 쌓고 행복감과 만족감을 느낄 수 있는 안전한 놀이터!

멘토 샘이 놀이터에 대해 검색할 자료를 지구나눔연구소 카페에 올려 주었다.

민준이는 계획을 세워 아이들에게 이야기했다.

"매주 아침에 학교 도서관에서 만나자. 그리고 매일 할 일을 정하는 거야. 화요일에는 설문 조사 내용이랑 조사 방법을 생각하고, 수요일에는 조사 대상을 정하는 거야. 그리고 설문지 만들고, 목요일엔 설문 조사 실시 및 분석, 금요일엔 점심시간에 애들이 놀이터에서 얼마나 많이 노는지 조사하고……."

"어, 우리도 다 동의해."

구민준과 진석이가 민준이의 말에 싱글거렸다.

"미안, 내가 너무 내 맘대로 하고 있지?"

민준이가 겸연쩍게 웃었다.

"아냐, 딱 좋아. 계획을 꼭 같이 짜야 하나? 잘하는 사람이 짜면 되지. 우리는 같이 열심히 조사하고 정리하고 실천하면 되잖아.

안 그래?"

"맞아, 그럼 되지."

구민준과 진석이가 기분 좋게 말했다.

"아침에 나오는 거 괜찮아? 내 생각엔 우리가 그때밖에 시간이 없을 거 같아서."

민준이가 물었다.

"나, 아침에 엄마가 일찍 깨우잖아, 공부하라고. 그러느니 나와서 니들이랑 이거 하는 게 낫지."

진석이가 짓궂게 웃으며 말했다.

"나도 일찍 나오는 게 좋아. 집에 있음 뭐하겠냐."

구민준도 동의했다.

빙글뱅글 탐험대는 조사 주제를 정하고 난 다음, 놀이터를 볼 때마다 보물을 발견한 듯 다가갔다. 동네에 있는 놀이터를 더 찾아보고, 아침마다 도서관에서 만나 농담도 하고 장난도 치면서 연구 과제도 하나씩 정리해 갔다.

설문지가 완성되어 아이들에게 만들어 돌렸더니, 아이들이 우르르 몰려와 신나게 받아 갔다.

"우아, 이거 뭐야?"

"야, 이거 너희가 하는 거야?"

"이거 하면 뭐 주냐?"

"그럼 놀이터가 바뀌는 거야? 우리 학교 놀이터를 너희가 막 바꾸고 그러는 거야?"

"교육청에서 바꿔 준대?"

놀이터에 대해 별 관심이 없는 것 같았는데 아니었다. 모두들 놀이터가 더 좋아지길 바라고 있었다. 놀이터에 관심이 없는 이유는 별 재미가 없기 때문이라고들 했다. 모두가 새로운 놀이터를 기대하고 있었다. 고학년이 되면 모두 자리에 앉아 떠들거나

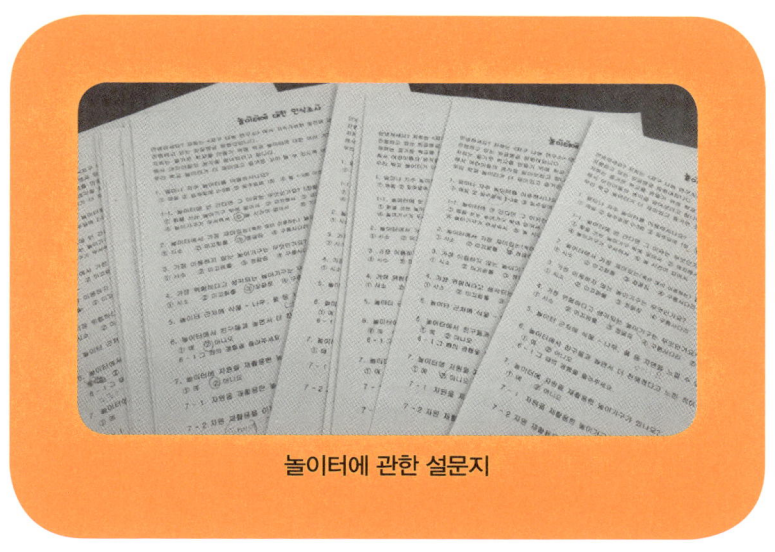

놀이터에 관한 설문지

게임만 좋아하는 줄 알았는데 놀이터가 좋아진다면 5학년들도 모두 놀이터에 나와 놀 것만 같았다. 아이들이 신나게 설문지를 서로 훔쳐보며 답하는 걸 보니 빙글뱅글 탐험대는 주제를 제대로 골랐다는 생각에 가슴이 벅차올랐다.

빙글뱅글 탐험대는 설문 조사에 참여하는 친구들에게 집에서 준비해 온 초콜릿을 하나씩 선물했다. 아이들은 두 장 하고 두 개 가져가면 안 되냐며 장난을 쳤다.

설문 조사 결과는 빙글뱅글 탐험대가 예상한 것과 비슷한 부분도 있고 다른 부분도 있었다. 놀이 기구 역시 각자 좋아하는 것이 모두 달랐다.

빙글뱅글 탐험대는 놀이터와 환경에 대한 책을 빌려 서로 바꿔 가며 읽었다. 그러다가 독일의 놀이터 디자이너 할아버지가 쓴 책에서 놀이터 평가표를 발견했다.

놀이터에 관한 설문 조사 결과

"이 표 되게 괜찮지? 우리도 이렇게 표를 만들면 한 번에 알아볼 수 있을 것 같아."

빙글뱅글 탐험대는 대평, 동신, 효천, 정자초등학교와 리라유치원, 동남보건대, 대림진흥아파트의 놀이터 등 학교와 집 주변에 있는 모든 놀이터를 샅샅이 뒤졌다.

동남보건대 부속유치원 놀이터에는 색깔이 예쁜, 처음 보는 기구들이 많았다. 아이들은 무엇에 홀린 듯이 놀이터를 살피고 있었다.

"너희, 거기서 뭐하는 거니?"

어떤 아주머니가 소리를 질렀다.

어린 동생들 노는 데 왜 들어와?
너희, 뭐하는 애들이니?

빙글뱅글 탐험대는 너무 놀라 가만히 서서 아무 말도 못 하고 있었다. 손에 종이를 들고 있는 걸 본 아주머니가 가까이 다가왔다.

"여긴 어린 동생들이 노는 곳인데, 이렇게 막 들어와도 돼? 손에 든 건 뭐야?"

빙글뱅글 탐험대는 놀이터 상태 점검표를 내밀었다. 떨렸지만 설명은 해야 할 것 같았다.

"저희는…… 저기…… 지구나눔연구소 학생 연구 팀인데요. 지속가능발전에 대한 연구를 하고 있고요……. 저희 주제는 놀이터……인데요……."

아주머니가 인상을 찌푸리며 뒷짐을 지셨다.

"놀이터에 대해서 조사한다고? 너희는 어느 학교 학생들인데?"

"여기 근처 대평초요."

아주머니가 점검표를 자세히 들여다보더니 아이들을 쳐다보았다.

"너희들, 나 좀 따라올 수 있겠니?"

아주머니는 아까보다 상냥하게 말했다.

아주머니는 여기 유치원 원감 선생님이었다. 빙글뱅글 탐험대는 얼떨떨한 표정으로 방명록을 작성하고 원감 선생님을 따라갔다.

"이 놀이 기구는 아이들의 호기심을 자극하는 건데, 너희가 보기에도 그런 것 같니?"

원감 선생님은 친절하게 놀이 기구를 하나씩 설명해 주었다. 어린 동생들이 노는 곳에 큰 아이들이 보여서 걱정이 되어 호통을 쳤다며 미안하다고 사과도 했다.

친절한 대접을 받은 빙글뱅글 탐험대는 유치원 선생님들에게도 놀이터에 대한 생각을 물어보고 싶었다. 빙글뱅글 탐험대는 선생님들에게 인사를 하고, 놀이터에 온 이유를 설명했다. 선생님들은 웃으며 빙글뱅글 탐험대를 맞이해 주었다.

"우리 때는 놀이 기구나 도구 없이 그림을 그리거나 뛰어다니며 놀곤 했었어."

"맞아, 우리 땐 그랬지. 너희들 놀이터 평가표를 만들었다고 했지? 보여 줄 수 있니?"

선생님들은 빙글뱅글 탐험대가 만든 놀이터 평가표를 궁금해했다.

"네, 여기요."

선생님들은 놀이터 평가표를 유심히 보았다.

"잘 만들었구나. 애썼겠어."

	풍림 아파트	대림진흥 아파트	대평 초등학교	리라 유치원	동남보건대 부속유치원
놀이 기구 종류	그네, 시소, 미끄럼틀	그네, 운동·놀이 기구	시소, 정글짐, 미끄럼틀, 오르는 봉, 구름사다리, 철봉	미끄럼틀	시소, 미끄럼틀, 운동·놀이 기구
재질	주로 플라스틱	플라스틱, 철	주로 철	플라스틱	주로 철
충격 흡수제	고무 매트	모래 (돌이 있었음)	모래	고무 (딱딱했음)	고무칩 (작은 입자로 이루어져 있음)
생태 학습 공간	없음	없음 (대신 나무로 둘러싸여 있음)	있음 (관리 상태가 좋았음)	없음	없음
관리 상태	낙서가 많고 위생적이지 않음	페인트가 벗겨지고, 녹이 슬었음	페인트가 벗겨짐	옆에 분리 수거장이 있음	페인트가 벗겨지거나 녹이 슨 부분이 없음

"이 표를 봐도 알 수 있지만, 우리가 어릴 적 놀았던 놀이터와 지금의 놀이터가 크게 차이가 없어. 그래서 아이들에게 미안한 마음이 든단다."

한 선생님이 말하자 다른 선생님들도 고개를 끄덕였다.

"왜 그런 거예요? 왜 더 좋아지지 않는 거예요?"

빙글뱅글 탐험대는 뜻밖의 사실에 눈을 동그랗게 뜨고 물었다.

"예산 때문이지."

"아…… 돈 말씀이죠?"

"그렇지. 우리 학교는 지금 화장실 배관도 바꿔야 하고 페인트칠도 해야 돼. 급한 것부터 처리해야 하거든. 아이들이 계속 크니까 책상도 거기에 맞춰 바꿔야 하고, 부서지는 책상이나 의자도 새로 사야 하고 말이야. 그러니 놀이터 시설에 대한 문제는 자꾸 나중으로 미뤄지는 거지. 건물 수리에 먼저 돈을 쓰게 되어 있거든. 이런 사정은 우리뿐 아니라 다른 학교도 마찬가지야."

선생님들은 씁쓸한 표정을 지었다.

"선생님, 아이들이 놀이터에서 놀지 않는 이유가 무엇이라고 생각하세요?"

빙글뱅글 탐험대가 선생님들에게 물었다.

"학원 때문에 놀 시간이 부족하기 때문이 아닐까?"

"놀이 기구도 재미없고 놀이터의 위치도 너무 멀리 떨어져 있어서인 것 같아."

"내가 보기에 놀이 기구가 운동 기구처럼 생겼기 때문에 좋아하지 않는 것 같아."

선생님들은 빙글뱅글 탐험대에게 솔직한 마음을 전해 주었다.

빙글뱅글 탐험대는 선생님들과의 인터뷰를 마치고 다시 놀이터를 바라보았다.

멀리서 보는 놀이터는 삭막했다. 낡고 녹슨 철봉이나 정글짐, 만지면 비릿한 쇠 냄새가 나는 그네, 다칠까 봐 걱정되는 고장 난 시소…….

"어쩐지, 외딴 섬 같아 보인다."

"가기 싫게 생겼어."

"근데 우리도 어릴 때는 내내 저기서 놀았잖아."

"다른 데가 없으니 그랬지."

"놀이터 밖은 위험하니까."

"놀이터 안도 위험해."

빙글뱅글 탐험대는 할 말을 잃었다. 더 좋은 놀이 기구만 있으면 놀이터가 살아날 수 있을 거라 생각했는데 그게 아니었다. 놀 시간이 부족했고 마음도 불안했다. 언제나 누군가에게 야단을 맞을 것 같았고 시끄럽다고 화를 내는 어른들이 있었다. 놀이터는 구석진 곳에 외롭게 있었다. 왜 놀이터는 아이에게도 어른에게도 환영받지 못하는 걸까?

빙글뱅글 탐험대는 가을 내내 매일 아침 도서관에 모여 절반은 수다를 떨며 놀고 절반은 연구에 몰두했다. 귄터 벨치히가 쓴 《놀이터 생각》이라는 책을 보며 책에 나와 있는 것과 같은 놀이터가 우리나라에도 생길 수 있을까 궁금했다. 인터넷으로 호주나 뉴질랜드의 멋진 놀이터들을 찾아냈다. 한국에도 기적의 놀이터가 생긴다는 소식은 있었지만, 빙글뱅글 탐험대가 사는 동네의 놀이터들은 점점 더 어두워졌다. 아이들은 시간이 없어서, 마음이 불안해서 놀이터에서 여유 있게 놀지 못했고 놀이터는 늙은 나무처럼 힘이 없었다.

"우리가 할 수 있는 일은 아닌 거 같아."

아이들은 기운이 빠졌다. 새로운 놀이 기구를 설계한다 해도 만들 수 없었고, 놀이터를 없애라는 얘기도 간간히 들렸다. "요즘 애들이 놀이터에서 노나요? 게임만 하잖아요"라는 어른들의 이야기를 들을 때는 저절로 고개가 숙여졌다. 정말 놀이터는 결국 사라지게 될까? 사람들은 정말 그렇게 되기를 바라는 걸까?

"우리가 더 자주 가서 놀면 놀이터가 더 좋아지지 않을까?"

빙글뱅글 탐험대는 놀이터가 사라지지 않으려면, 놀이터가 더 좋아지려면, 놀이터를 더 많이 찾아가야 한다고 생각했다.

아이들이 원하는 놀이터는 가까이 있고, 깨끗하고, 그늘이 있고, 자연을 느낄 수 있는 놀이터였다. 민준이네 아파트만 해도 매년 주인 없는 자전거를 정리할 때마다 서른 대가 넘게 나온다. 이런 자전거를 활용한다면 멋진 놀이터를 매년 다르게 만들 수도 있을 것이다.

"햇빛 알레르기가 있는 친구도 있어. 그런 애들을 위해서 그늘이 많아야 해."

"나는 영화에서처럼 나무에 기대 앉아 얘기하는 데가 있으면 좋겠어."

"맞아. 나무는 먼 데 있고, 만질 수도 없어. 타고 노는 건 외국 영화에나 나오는 얘기지."

아이들은 그동안 생각했던 놀이터에 대해 이야기를 쏟아 냈다. 장애가 있는 친구들도 편히 놀 수 있는 곳, 공부에 지친 마음을 위로해 주고, 잘 모르는 친구들과도 쉽게 친해질 수 있는 그런 놀이터가 만들어지기를 바랐다.

아이들은 아파트 놀이터에 제 멋대로 주저앉았다. 오늘따라 어린아이들이 없었다. 유치원에 다니는 동생들은 한때 신나게 놀다가 순식간에 사라지곤 했다.

"이전엔 놀이터에 대해서 이렇게 깊게 생각해 본 적이 없었어."

그네에 앉은 구민준이 말했다.

"맞아, 그럴 필요도 못 느꼈어."

"놀이터에 새로운 기구가 있으면 좋겠다는 생각만 했어. 그동안 너무 관심이 없었지."

"우리가 관심이 없으니 어른들도 당연히 관심을 안 가진 거 같아. 우리가 놀이터에서 안 노니까."

"우리가 놀이터에서 놀면 놀이터가 바뀔까?"

진석이가 물었다. 두 민준이는 갑자기 심각해졌다.

"놀이터에서 놀 시간이 있을까? 우리는 지금 5학년이라서 괜찮지만, 중학생 형들은 놀이터에서 거의 놀지 않잖아."

"놀이터에서 놀아. 좀 다르게 노는 거지."

구민준이 놀이터 끄트머리를 바라보며 말했다.

저 멀리 각자 휴대폰을 들고 게임하는 형들이 보였다. 형들은 놀이 기구를 타진 않았지만 놀이터에 와 있었다. 만약 형들도 우리도 함께 놀 수 있는 무언가가 있다면, 휴대폰 속 게임보다 더 재미난 게 있다면 놀이터에서 같이 놀 수 있을 텐데…….

빙글뱅글 탐험대는 놀이터에 앉아 이제 무엇을 할 수 있을까 골똘히 생각하기 시작했다. 놀이터 연구 프로젝트는 이제부터 시작인지도 모른다.

브레인스토밍하기

브레인스토밍은 창의적인 아이디어를 찾아내기 위한 학습 도구나 회의 방법을 말해요. 브레인스토밍을 하는 방법은 여러 가지가 있는데, 그중 지구나눔 연구소에서 자주 활용한 방법은 다음과 같아요.

❶ 주제와 연관된 단어를 떠오르는 대로 작은 쪽지에 마구 적어요.

❷ 단어가 적힌 쪽지들을 넓게 펼쳐 놓은 다음, 비슷한 주제별로 모아서 정렬해요(소주제별로 묶기).

❸ 소주제별로 주제 단어를 다시 써 보거나, 섞여 있는 단어 카드에서 하나를 골라 소주제로 정해요.

❹ 이 과정을 통해 서로 다르게 생각하는 것들 중에서 공통적인 주제어를 찾아낼 수 있어요.

[탄산수]

네 얼굴에
부는 바람

시흥 장곡중학교 김태은, 박지민, 전인화

 지민이는 거울을 보며 교복 치마를 조금 올려 봤다. 그러고는 잠시 거울을 바라보다가 다시 원래 위치대로 내렸다.

'과도한 노출은 삼가는 게 좋아.'

지민이는 자기 판단이 만족스러운지 미소를 지었다. 옆구리 살이 늘어난 것 같기도 했다. 지민이는 같은 반 남자애가 했던 말이 떠올라 갑자기 화가 났다.

'뭐, 너도 여자냐고? 나쁜 놈. 지는 오징어같이 생긴 게 어디서 평가질이야?'

지민이는 가방을 휙 둘러매고 집을 나섰다.

'오징어라고 한 말은 취소해야겠어. 외모로 사람을 평가하는 사람이 되고 싶지 않거든.'

오늘은 오랜만에 황사가 걷혀 하늘이 맑았다. 그래도 아주 파랗지는 않았다. 갈수록 공기가 나빠지는 것 같았다. 지민이는 늙어 죽기 전에 환경 오염으로 죽겠다는 생각을 했다. 주변을 둘러보면 오염 물질뿐이다. 플라스틱 생수병, 담배 연기, 매연, 합성세제, 비닐봉지, 일회용 컵…….

교복 복장 규정이 느슨해진 뒤로 뽀얗게 화장을 하고 오는 친구들이 늘었다. 지난 해, 학교에서 큰 회의가 있었다. 지민이의 학교는 학생자치회의 힘이 세다. 학교 선생님들이 자치회의 결정에 간섭을 많이 하지 않기 때문이다. 아이들은 계속해서 학생회에 안건을 올렸다. 교복에 대한 규율을 완화해 달라는 의견이었다. 그와 더불어 화장 자율화에 대한 의견도 있었다. 아이들 사이에서도 의견이 분분했다.

그래도 대부분 교복을 자유롭게 입자는 의견엔 찬성했다. 아이들은 추울 때는 교복 위에 티셔츠나 카디건, 외투나 점퍼를 입을 수 있고, 춥고 불편한 치마 대신 생활복이나 체육복을 한두 시간 정도 더 입을 수 있도록 해 달라는 의견을 모아 학생회에 전달했다.

학생회에서는 이 안건을 놓고 학부모와 선생님과 함께 세 그룹의 학교 구성원이 모두 모이는 토론회를 열었다. 반대 의견도 만만치 않았지만 결국 학생들의 의견이 통과되었다. 아이들은 이제 규율에 얽매이지 않고 좀 더 편하게 교복을 입을 수 있게 되었다.

지민이는 가끔 학교를 가다가 쌩얼인 게 신경 쓰이기도 했다. 어느 정도 화장을 하는 것도 나쁘지 않겠다는 생각이 들었다. 오늘은 날씨가 흐려서 기분도 안 좋은 데다, 뽀얗게 화장을 한 친구를 보니 더욱 마음이 복잡했다.

"지민아!"

누가 뒤에서 등을 탁 쳤다.

인화였다. 인화는 언제나 그렇듯이 생글생글 웃고 있었다.

"아, 놀랐잖아!"

"뭘 그렇게 우중충하게 걷고 있냐?"

"그냥. 그런데 인화야, 나 쌩얼인 거 넘 구려?"

지민이는 양 볼을 쓰다듬으며 인화에게 바짝 다가섰다.

"뭔 소리래?"

"그래도 인간적으로 화장을 좀 해야 할까?"

"뭐래, 화장하는 게 인간적인 거야?"

"아닌가?"

"하긴, 인간만 화장을 하니까."

인화가 낄낄 웃었다.

"아, 그런가?"

"인간만이 화장을 하고 인간만이 환경을 오염시키지."

인화가 몇 걸음 성큼 걷다가 지민을 보며 말했다.

"너 그거 할 거야? 서강선 샘이 하자고 하신 거. ESD"

"ESD?"

"어, 그거 있잖아. 지속가능발전을 위한 교육인가? 영어로 된 말인데."

"Education······ susta······ 뭐지?"

"아무튼 그거. 지구나눔연구소에서 하는 건데 프로젝트 하는 거."

"글쎄, 그런데 뭔가 주제가 확실해야 시작하기 좋은 거 아냐?"

"앗, 태은이다."

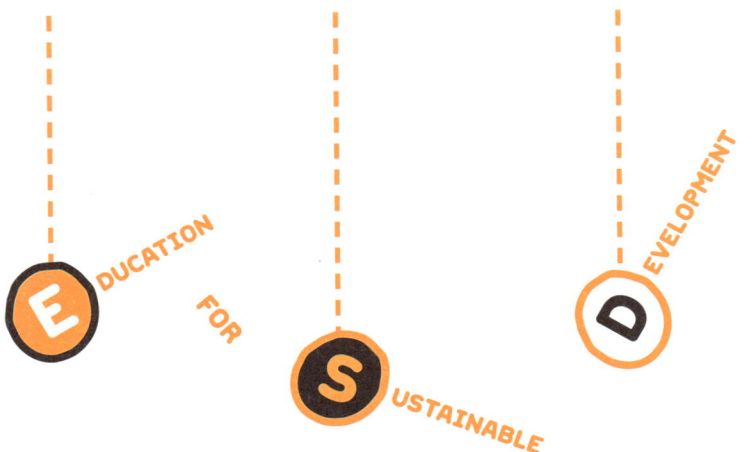

지민이와 인화의 눈에 태은이가 보였다.

인화가 재빨리 뛰어가 태은이를 잡았다. 까만 안경을 쓴 태은이가 긴 머리를 찰랑거리며 걷고 있었다.

"태은아, 할 말이 있어."

태은이는 눈만 껌뻑이며 인화를 바라봤다.

"ESD 지구나눔연구소 프로젝트 있잖아. 그거 같이 하자."

"뭔 소리야? 아침부터 뜬금없이."

인화의 말에 태은이가 어리둥절해 했다.

"나, 그거 하고 싶어, 하고 싶어. 같이 하자, 같이 하자."

지민이와 태은이가 인화를 가만히 바라봤다.

"얘 왜 이러냐?"

"모르겠다."

"나 그거 하고 싶어. 서 샘이 하는 건 다 하고 싶어!"

인화가 장난스럽게 발을 동동 굴렀다.

인화는 서강선 샘의 팬이다. 짧은 커트머리를 한 서 샘은 어딘가 모르게 카리스마가 넘쳤다. 생각하는 것도 남다른 것 같았다. 인화는 '크면 딱 저런 사람이 되어야지' 하고 생각했다. 그리고 그런 마음으로 서강선 샘을 몽롱한 표정으로 바라보곤 했다.

"단순히 서 샘 때문에 하고 싶다는 거야?"

"그게 왜 단순해?"

"아냐?"

"복잡 미묘한 거지."

인화가 깡충거리며 말했다.

"그래서 뭘 하고 싶은데? 주제가 있어야 한다며."

갑자기 침묵이 돌았다.

"그건 좀 생각해 보자. 올해 주제가 여성에 대한 거래."

"지속가능성과 여성."

"어렵다."

"어렵지 않은 걸 하면 되지."

"뭐가 어렵지 않을까?"

"생각 좀 해 보자."

인화, 지민, 태은이는 과학 담당인 서강선 선생님과 모여 프로젝트에 지원할 것인지 의논하기 시작했다.

"주제는 여성과 지속가능발전이야. 어떤 걸 하면 좋겠니?"

서 샘이 먼저 물었다.

"범위가 너무 넓어서 뭘 해야 할지 모르겠어요."

"그렇지. 너희가 생각하는 여성은 어떤 거야? 선생님이 요즘 페미니즘을 공부하고 있는데……."

"페미니즘은 여성 평등에 대한 이야기죠?"

"꼭 여성 평등이라고만 하긴 어려워. 여성주의라고도 할 수 있는데, 아직까지 여성은 남성에 비해 약자이니까 여성과 남성이 동등해질 수 있는 사회를 만드는 게 페미니즘의 목적이라고 할 수 있을 거 같아. 여성이라는 말은 아주 여러 가지를 상징할 수 있거든. 자, 그럼 우선 너희가 생각하는 여성이란 뭔지 얘기해 보는 게 어때? 그럼 그중에서 가장 우리가 쉽게 생각할 수 있는 걸 찾을 수 있겠지."

"우리나라 대통령이 여성이잖아요."

태은이가 대답했다.

"음…… 성별은 여성이긴 하지. 그 외에 다른 건 없을까?"

"성 상품화? 여성 혐오? 그런 얘기는 들어 봤어요."

"좋아, 여성이라는 단어를 사용하지 않고 여성을 표현한다면 어떻게 말할 수 있을까?"

서 샘이 아이들을 바라보며 물었다.

"아기 낳는 거?"

"화장을 해야 하고 예뻐야 인기가 좋아요."

"남자보다 자기 관리를 잘하고 깔끔해야 하고……."

"아기를 잘 키워야 하고 집안일도 잘해야 하고……."

"아, 잠깐!"

서 샘이 잠깐 말을 멈췄다.

"자, 그럼 다시 생각해 보자. 일단 '여자는 이래야 한다'라는 것들을 정리해 보자. 아까 한 얘기를 다시 적으면서 말해 볼까?"

서 샘이 종이에 세 친구가 이야기한 내용을 적어 나갔다.

액세서리, 남자들의 보호를 받아야 하는 존재, 자궁, 임신, 출산, 양육.

"아……."

서 샘은 손바닥으로 이마를 짚으며 짧은 탄식을 내뱉었다.

"이야기를 나눠 보니, 너희들이 여성에 대해 생각을 많이 안 해 본 것 같아. 우리, 이 프로젝트를 하는 게 좋겠어. 그리고 천천히 여성에 대해서 조금 더 생각해 보기로 하자. 너희에게도 좋은 기회가 되고, 선생님도 페미니즘 공부를 더 할 수 있을 것 같아."

아이들은 모임 이름을 탄산수로 정했다. 이름처럼 시원하게 톡 쏘는 이야기를 전하고 싶었다.

탄산수 팀은 여성에 대한 탐구를 시작했다. 먼저, 여자라는 이유로 받아야만 했던 차별을 하나씩 찾아냈는데, 어린이들이 즐겨 보는 만화 〈뽀뽀로〉에서도 성차별을 찾아냈다.

〈뽀로로〉에는 루피와 패티라는 캐릭터가 나온다. 루피와 패티는 여성으로 설정되어 있고, 주로 케이크를 굽거나 요리를 하는 일이 많았다. 여성 캐릭터는 어디서나 예쁘다. 예쁘지 않은 여주인공은 없다. 예쁘지 않은 여성 캐릭터는 예쁘지 않은 게 특이한 점이 된다.

"루피가 거울을 보며 화장하는 장면이 있었나?"

"있었을지도. 여자라면 대부분 화장을 하니까."

"화장!"

"그래, 화장! 청소년의 화장을 주제로

하면 어떨까?"

셋은 손뼉을 마주쳤다. 주제가 정해졌다.

"난 화장품으로 인한 환경 오염이 심각할 거라고 생각해. 얼마 전에 길에서 포스터를 봤는데 다 쓴 화장품 통을 가게로 갖다 달라더라. 거기 빈 통 안에 화학 성분이 많을 거 아냐. 재활용하려고 씻어 낼 때 그런 게 다 하수구로 들어갈 거 같아."

"하긴 포장도 엄청나. 종이 박스에, 비닐 포장에, 플라스틱 포장까지……. 뜯어도 뜯어도 끝이 없어."

아이들은 내친 김에 화장품의 환경 오염에 관해 찾아봤다. 인터넷 검색을 해 보니 미세플라스틱에 대한 이야기가 많았다. 미세플라스틱은 이름대로 크기가 너무 작아 하수구에서 걸러지지 않고 바로 바다로 들어가 버린다. 그렇게 바다로 간 미세플라스틱은 고기들의 배 속에 들어가고, 그 생선은 우리 입으로 들어온다.

"나 어제 고등어 먹었는데."

지민이는 갑자기 엊그제 먹은 고등어자반이 떠올랐다.

"나도 찝찝해."

"내 몸속에 이미 미세플라스틱이 있을지도 몰라."

"으윽."

탄산수 팀은 학교가 끝나고, 교문 앞에 서서 아이들의 얼굴을 관찰했다. 화장을 한 아이들과 맨 얼굴인 아이들이 금방 구분되었다.

지민이와 태은이는 아무것도 바르지 않았고, 인화는 입술 틴트를 바르고 있었다.

"화장하면 귀찮지 않아?"

지민이가 물었다.

"난 입술만 바르잖아."

인화가 뽀뽀를 하듯 입술을 쭉 내밀었다.

"안 귀찮아?"

태은이가 인화에게 물었다.

"안 바르면 시체 같아."

"뭐? 시체?"

인화의 말에 아이들이 까르르 웃었다.

"시체 같긴. 안 그래."

태은이가 인화에게 말했다.

"남들에게 잘 보이고 싶어서 화장하는 건 좀 아니지 않아?"

지민이가 인화에게 물었다.

"남에게 잘 보이려 화장을 하는 게 아니라 그냥 내가 예뻐지고

싶어서 하는 거지. 내 친구도 그렇게 말하던데? 나도 마찬가지고. 일단 우리 학교에 잘 보이고 싶은 남자애가 있는 건 아니거든."

인화가 대답했다.

"맞아, 그냥 핏기 없는 입술보다 약간 핑크빛이 도는 입술이 예뻐."

태은이가 맞장구를 쳤다.

"응. 예뻐지면 기분이 좋지."

"맞아."

지민이도 고개를 끄덕였다.

다른 사람에게 잘 보이기 위해 화장을 한다는 건 일종의 편견이다. 친구들은 자신들이 화장을 하는 이유가 자기만족이라는 데 동의했다. 단순히 누구를 따라하고 싶어서, 걸그룹을 따라하고 싶어서 화장을 하는 게 아니라는 거다. 아이들도 자신이 더 예뻐질 때 기분이 좋다. 어른들도 그렇듯이.

"그런데 화장품 사려면 돈 많이 들지 않아? 엄청나게 큰 파우치 가지고 다니는 애들 보면 신기하더라."

"그러게. 용돈을 다 화장품 값으로 탕진할 거 같아."

"근데 그런 애들은 되게 소수 아냐?"

"……."

"이건 설문 조사를 해 보면 좋겠다."

"그래, 다른 것도 좀 물어보고. 화장을 왜 하는가 같은 질문 말야. 다른 친구들은 어떻게 생각하는지 알고 싶어."

- 미세 플라스틱
- 동물실험
- 플라스틱 용기

- 끝없는 신제품과 할인 판매
- 용돈에 비해 비쌈
- 광고

- 획일화
- 외모 지상주의
- 학교에서의 화장 금지 문화
- 화장에 대한 교육의 문제점

- 유해 성분
- 피부 노화

- 자신만의 개성을 살리는 교육 부족
- 외모 꾸미기에 대해 실제로 도움이 되는 교육 부족

학교에서 전교생을 모아 놓고 올바른 화장법에 대한 교육을 한 적이 있었는데 다들 건성으로 들었어.

이미 다 알고 있는 내용이었으니까.

어른들은 우리가 그런 것도 모르는 줄 아나 봐.

"스티커 붙이는 걸로 하면 되겠다."

"어, 현관에 세워 놓자. 그렇게 하면 참여하기가 쉬워."

여중생과 화장을 주제로 잡고 나니 여러 가지 의견이 나왔고, 그 의견들을 같은 분야별로 묶어 보았다.

시간이 흘러 2학년이 되었다. 뭐에 홀린 듯이 정신이 없었다. 셋 다 마찬가지였다. 모여서 이야기도 나누고 토론도 해야 하고 조사할 것도 넘쳐 났는데 가끔 검색 엔진을 돌려 볼 뿐, 이렇다 할 방법을 찾지 못했다.

그렇게 여름방학이 다가왔다. 본격적으로 뭔가를 해 보자고 결심했지만 그렇게 더위가 빨리 찾아올지는 몰랐다. 대한민국 기상 관측 이래 최고의 더위라고 했다. 환경 오염으로 인한 지구 온난화 때문일 거다.

'그러니까 우리는 더욱더 지속가능발전에 대한 프로젝트를 열심히 해야겠지……만 너무 덥다. 화장품을 많이 쓰고 환경을 오염시킨 죄로 지옥에 간다면 딱 이런 불지옥에 떨어질 거야. 에어컨도 없는 땡볕에. 으아악…….'

탄산수는 마음이 급했지만, 더위 때문에 계속 축축 늘어졌다.

지민이는 필리핀에 가야 했다. 아빠의 지인이 필리핀에 오랫동안 살고 있는데, 방학에 시간이 되면 그 가족을 방문하러 가곤 했다.

"방학 때 같이 프로젝트를 해야 하는데 어떡하지? 큰일이야."

지민이가 걱정스러운 표정으로 말했다.

"아니 지민아, 오히려 잘된 일이야. 이걸 기회로 삼는 거지!"

"무슨 말이야?"

"외국 친구들은 청소년의 화장에 대해 어떻게 생각하는지 설문 조사를 해 오는 거야."

"오, 좋은 생각!"

셋은 모여서 영어로 질문을 만들기 시작했다. 문법이 틀렸는지, 철자가 맞는지 이야기하며 하나씩 하나씩 서로 힘을 모아 15개의 질문을 완성했다.

"설문에 답하는 사람의 나이랑 성별만 있으면 되겠지?"

"응, 이름은 굳이 쓰지 않아도 될 것 같아."

설문지의 맨 마지막에 age와 gender라고 적고 그 옆에 빈칸을 만들었다. 'Thank you for answering!'이라는 문장도 빼먹지 않았다.

지민이가 필리핀으로 떠났고, 인화는 피아노를 전공하기로 결심했다. 태은이는 이리저리 에어컨 바람을 찾아다니며 책을 읽었다. 셋의 방학은 각기 다른 공간에서 흘러갔다. 가끔 머릿속에 지구나눔연구소의 연구 주제가 떠올랐다.

방학이 끝났는데도 여전히 무더웠다. 개학과 함께 세 사람은 다시 모여 이제 본격적으로 열심히 프로젝트를 해 보자고 다짐했다.

"우리는 화학자도 아니고 사회학자도 아니니까 문제를 그냥 우리 시선에서 보면 될 것 같아. 그런 건 연구자들이 이미 다 하고 있잖아?"

"나도 동의. 체험하고 인터뷰해서 중학생들이 가진 생각을 정리하면 된다고 봐."

"우리는 당연하게 생각하는 걸 다른 사람들은 느끼지 못할 수도 있어."

"맞아."

"애들아, 이거 봐 봐."

지민이가 필리핀에서 해 온 설문 조사지를 친구들에게 보여 주었다.

"와, 재밌네. 인상적인 내용들이 꽤 있어."

"뭔데? 읽어 봐."

"화장하는 건 자연스러운 일이다. 그게 왜 나쁘지? 우리의 선택인걸."

"우리 부모님은 내가 다 컸다고 환영했어."

아이들은 설문지를 마저 읽어 보았다.

"음…… 이것만 보고 판단하긴 이르지만, 확실히 우리나라랑 생각이 다른 것 같아."

"그러게. 이제 우리 학교 친구들 의견과 비교하면 되겠다."

"남학생과 여학생의 생각이 다를 것 같지 않아?"

"어, 우리 반 남자애들은 여자애들이 자기들한테 잘 보이려고 화장하는 줄 안다니까?"

"웃기고 있네. 야, 그럼 남자, 여자 나눠서 해 보자."

탄산수는 필리핀 친구들에게 했던 질문을 떠올리며 한국 학생들의 특성에 맞게 질문을 만들었다. 그리고 폼보드에 남학생 질문, 여학생 질문을 나눠 적었다.

"등교 시간에는 교문 근처에 설치하자. 지나가는 학생들이 설문 조사에 참여할 수 있게 말야."

"전에 했던 것처럼 질문 판에 스티커를 붙이게 할 거지? 그게 참여하기 편하니까."

"맞아. 그리고 쉬는 시간에는 각 층 화장실 앞에 붙여 두면 좋겠어."

남학생용 질문 판도 다섯 개, 여학생용 질문 판도 다섯 개였다. 친구들은 교문 앞에 펼쳐 놓은 질문 판을 보고 재미있다는 듯 다가가서 스티커를 붙였다.

남학생들이 여학생용 질문 판에다 장난을 치려고도 했다. 여자아이들은 장난치려는 남자아이들의 뒷덜미를 잡고 하지 말라고

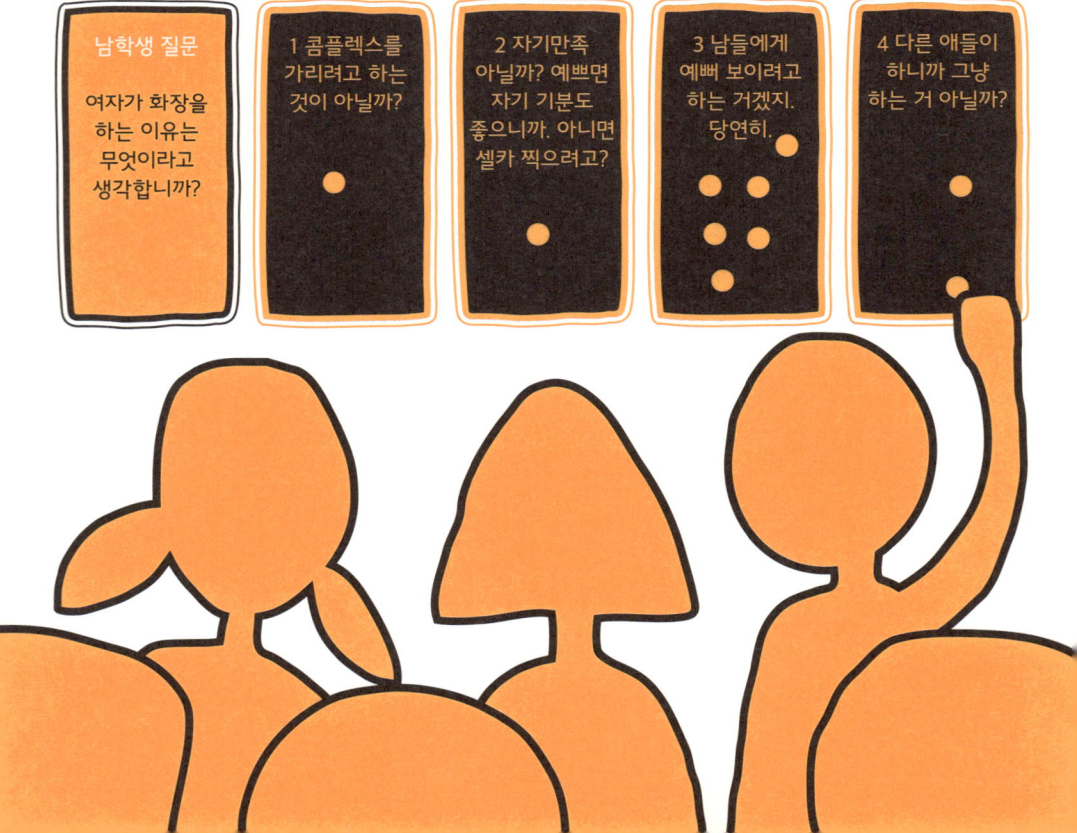

으름장을 놓았다.

"그런데 저 보드판 색깔 말이야. 완전 고정관념에 따른 거네. 남자 것은 파란색, 여자 것은 분홍색이잖아."

태은이가 풋 하고 웃으며 말했다.

"아이들이 바로 알아보기 쉽게 사회적 통념에 맞춰서 한 것뿐이야."

인화가 팔짱을 끼며 대답했다.

설문 조사가 끝나고 결과를 취합해 보니, 화장품에 들이는 돈

여학생용 질문

당신이 화장을 하는 이유는 무엇입니까?

1 칙칙하고 어두운 피부색, 여드름, 작거나 처진 눈 등 콤플렉스를 가리기 위해. 이런 것만 없으면 난 정말 화장 안 할 거야.

2 곱게 화장을 하고 난 내 모습이 예뻐서! 화장은 결국 자기만족이잖아? 자신감도 생기고 말이야.

3 친구들이 화장을 하니까 나도 같이 하게 돼. 친구 관계를 원만하게 하기 위한 거지.

4 화장을 한 애들은 잘나가는 것 같고, 다들 하는데 나만 안 하면 바보 같아 보일 것 같은, 군중심리 때문이라고 할까?

이 많을 거라는 예측은 빗나갔다. 대부분의 학생들이 화장품을 사느라 용돈을 허비하는 수준은 아니었다. 탄산수 친구들은 화장을 많이 하는 친구들에 대한 선입견이 있었던 건 아닌지 스스로 생각해 봤다.

　화장하는 이유에 대한 생각도 남학생과 여학생의 생각이 완전히 달랐다. 여학생은 직접 화장을 하는 그룹이고 남학생은 그렇지 않아서일까? 남학생들은 화장을 하는 이유를 예뻐 보이려고, 혹은 남들이 하니까 아무 생각 없이 따라하는 거라고 추측했지만 여학생 중에 그렇게 대답한 사람은 한 명도 없었다.

　"여학생의 답 중에는 콤플렉스 감추기가 제일 많아. 거의 절반 정도야."

　"그럼 절반 정도가 스스로 콤플렉스가 있다고 생각한다는 말이잖아."

　"그렇지. 나도 있는걸."

　"나는 코."

　"태은이 너는?"

　"난 잘 모르겠어."

　"넌 예뻐서 그래."

　"그것도 잘 모르겠어."

"역시 있는 것들이 더하다니까!"

"아냐. 난 정말 내 얼굴에 별 관심이 없어. 나 아직 어린 거야? 그런 거야?"

태은이가 생글생글 웃으며 장난을 쳤다.

"아니, 네가 4차원이라 그래!"

지민의 말에 아이들은 깔깔거리며 웃었다.

연구를 진행하다 보니, 전문적인 지식을 얻기가 힘들었다. 특히 환경 문제는 더욱 그랬다. 사회, 경제적 문제는 학교 내에서 설문 조사를 통해 알 수 있었지만 환경 문제는 전문가가 필요했다. 탄산수는 정보를 찾아 헤매다가 여성환경연대라는 단체를 찾아냈다. 이 단체는 미세플라스틱이나 화장품의 환경 오염 문제에 대해서 잘 알고 있을 것 같았다.

탄산수는 홈페이지를 통해 이메일 주소를 찾아내어 서강선 샘에게 부탁을 했다. 선생님은 단체에 전화를 걸어 아이들이 질문지를 보낼 것이라고 이야기했다.

탄산수는 화장품의 미세플라스틱 문제와 이에 대한 캠페인은 어떤 것이 있는지 묻고, 지구를 지키는 환경 운동 분야에서 활동하는 데 여성만이 가진 장점이 있는지도 물었다.

여성환경연대에서는 A4 용지 세 장을 꽉 채워 답변을 보내 왔다. 그중 "여성들은 '생태적 감수성'이 풍부하여 환경 분야에서 더 활발하게 활동하고 있다고 생각합니다"라는 답변에 탄산수 친구들은 왠지 뿌듯했다. 성의 있는 답변을 받은 아이들은 기분이 좋아졌다.

여성환경연대의 답변에 따르면 전 세계의 많은 사람들이 환경오염에 맞서 싸우고 있었다. 여성환경연대는 'Face to Fish'라는 캠페인으로 미세플라스틱을 추방하는 운동을 하고 있었다. 미세플라스틱이 든 화장품은 용기째 버려야 미세플라스틱이 바다로 흘러 들어가지 않는다는 걸 알리고 미세플라스틱이 든 화장품 신고를 받고 있었다. 화장품뿐 아니라 치약에도 미세플라스틱이 들어 있다는 정보를 알리며 캠페인을 벌이고 있었다. 여성환경연대는 지구 환경을 보호하기 위해 무척 많은 일을 하고 있었는데, 그 일들은 그야말로 지속가능한 지구를 위한 일들이었다.

"화장품 회사에서 제대로 된 정보를 알려 줘야 하는 거 아냐?"

"회사에서 알려 주지 않는다면 제품을 사는 사람이 스스로라도 알아내야 해. 내 피부는 소중하니까."

탄산수는 좋은 화장품을 구입하고 제대로 사용하는 방법을 조사해서 캠페인을 벌이고 싶었다. 화장을 왜 하는지 친구들의 생각을 조사해서 사람들에게, 어른들에게 알려 주고 싶었다. 친구들도 올바르게 화장하는 법을 고민하고 좋은 방법이 있으면 서로 가르쳐 주면 좋겠다고 생각했다. 사실, 친구들은 화장품의 환경 오염 문제에는 큰 관심이 없었다. 그런 상황이니 미세플라스틱은 너무 먼 이야기였다.

"휴······."

탄산수는 한숨이 나왔다. 캠페인도 벌이고, 조사를 해서 알려 주고 싶은 것도 많은데 시간이 없었다. 중간고사도 있고, 기말고사도 있고, 곧 3학년이 될 예정이었다.

"시간이 더 많으면 좋겠다."

"화장품 성분을 알기는 쉽지 않은 거 같아."

"이 화장품엔 미세플라스틱이 들어있습니다"라고 써 있는 화장품은 하나도 없었어.

"이 화장품은 용기째 버려 주세요"라는 문구도 본 적이 없어.

인화가 말했다.

"계속 이런 식으로 공부하면 좋겠는데."

"재미도 있는데 생각을 자꾸 해야 하니까 좀 힘들긴 하다. 그래도 누가 알려 주는 것보다 주도적으로 생각할 수 있어서 좋은 거 같아. 내가 좀 성장한 느낌이랄까?"

"응, 뭔가 훌륭한 일을 하는 거 같지 않냐?"

"맞아!"

셋은 기분 좋게 웃었다.

스스로 생각해서 문제를 해결해 가는 일은 답이 정해져 있는 시험지를 풀어내는 것보다 훨씬 더 재미났다. 생각을 거듭하는 일, 그것만으로도 충분히 재미있었다.

"난 내가 편견을 갖고 있었다는 걸 깨달았어. 나는 애들이 누구에게 잘 보이려고 화장을 한다고 생각했거든."

지민이가 말했다.

"화장품 사는 데 용돈을 탕진할 거라고도 생각했어."

"그러니까 우리도 우리 친구들에 대해서 잘 모르고 있었다는 얘기야. 내가 입술에 틴트를 바르는 이유는 그냥 내 얼굴이 예뻐 보이는 게 좋아서였거든. 나는 그러면서 왜 다른 친구들은 다른 이유가 있을 거라고 생각했을까?"

인화가 얼굴을 살짝 찡그리며 말했다.

"남자애들에게 잘 알지도 못하면서 무조건 화장하는 걸 비난한다고 말했는데, 어쩌면 우리도 남자애들하고 별 다른 게 없었던 거 같아."

태은이가 쑥스러운 듯이 말했다.

"그러니까 화장을 하거나 말거나, 이건 우리의 선택이야. 우리의 자유고. 어른들이 이래라 저래라 할 권리는 없어. 하고 싶으면 하면 되고 하고 싶지 않으면 안 하면 되는 거지."

"하지만 우리가 쓰고 있는 화장품에 대해서는 우리가 잘 알고 있어야 해. 외모를 가꾸기 위해 바다를 오염시키거나 내 몸을 망치면 곤란하니까 말이야."

탄산수 아이들은 고개를 끄덕였다. 잠시 침묵이 이어졌다.

"지속가능발전은 뭘 말하는 걸까?"

"난 이제 하도 들어서 그게 무슨 뜻인지 더 모르겠다."

"그러게. 어쨌거나 지구나눔연구소 프로젝트 덕분에 내가 조금은 성장한 기분이야."

"응, 셋이 하니까 싸우지도 않고 좋다."

"셋이라서 그랬겠냐. 싸우는 게 귀찮아서 그렇겠지. 셋이 성격도 다 다르고."

"페미니즘에 대한 책을 읽으면 좋겠어."

"응, 무식함을 좀 털어 버리자."

"근데 갑자기 소금 창고가 생각나."

지민이가 말했다.

"저기 갯벌에 있던 거?"

"어, 그게 그냥 계속 있었으면 좋았을걸. 난 소금 창고가 좋았거든. 거기 서 있으면 바람에도 짠맛이 났는데."

"뭔가 상징적이다. 지속가능발전을 상징하는 소금 창고."

인화가 눈을 감고 꿈꾸는 듯한 표정을 지었다.

"거기서 노는 거 재미있었어."

지민이도 소금 창고를 떠올리며 눈을 감았다. 과학실은 고요했다.

"너희 뭐하는 거야?"

태은이가 웃으며 물었다.

"너도 해 봐."

"지속가능발전의 소금 창고를 생각해 봐."

인화가 장난스럽게 말했다.

태은이도 조용히 눈을 감았다.

아이들이 뛰어 놀던 소금 창고는 사라졌다. 세상은 소금 창고를 밀어 버렸다. 하지만 아이들은 자유롭게 뛰어 놀던 갯벌, 그리고 그 주변에 흩어져 있던 소금의 맛을 오래도록 기억할 것이다. 그리고 소금 창고에서 뛰어 놀던 아이들은 생각했다. 더는 소금 창고가 사라지지 않는 세상이 오면 좋겠다고. 그런 세상을 만드는 데 작은 힘이라도 보태겠다고.

스티커 설문 조사하기

많은 사람이 한곳에 모여 있을 때, 단답형 질문을 할 때 유용한 설문 조사 방법이에요.

❶ 주제에 맞는 질문을 몇 개로 정리해요. 그리고 질문에 예상되는 답변도 정리해요. 답변이 너무 많으면 선택하기 어려우므로 예, 아니오 같은 답변이 예상되는 질문이 가장 좋아요.

❷ 폼포드나 하드보드지를 준비하고 눈에 잘 띄는 색지를 위에 붙여 게시판을 만들어요. 게시판 위에 질문을 쓰거나 글자를 오려 붙여요. 질문은 잘 보이는 색깔로 또박또박 써요.

❸ 게시판을 설치할 장소를 찾아요.

❹ 설문자는 게시판 주변에서 사람들에게 설문 조사의 목적을 설명할 수 있어야 해요.

❺ 게시판 가까운 곳에 자기 의견을 표시할 스티커나 펜을 놓아둬요.

❻ 지나가는 사람들이 질문을 이해하고 자신의 생각과 비슷한 답변 칸에 스

티커를 붙이도록 안내해요.

❼ 설문 조사가 끝나면 답변 칸에 붙어 있는 스티커 개수를 세서 설문 조사 결과를 정리해요.

[유코레인저]

열려라, 초록 문

안양 호원초등학교 이하영, 이승현, 홍은빈, 김가원

 "네 이놈들! 너희 어디 가는 거냐?"

경비 아저씨의 호통이 멀리서 들려왔다.

은빈이는 살금살금 쥐구멍으로 돌아가던 생쥐처럼 발끝을 살짝 들었다. 다리가 후들거리는 것 같아서 내려다보았지만 기분 탓이었다.

'당황하면 안 돼. 아무렇지도 않은 척, 당당하게.'

은빈이는 스스로를 다독이며 고개를 휙 돌렸다.

긴 생머리가 찰랑거렸다.

'지금 내 모습은 샴푸 모델처럼 보여야 해.'

은빈이는 허리를 꼿꼿하게 세우고 어깨를 쫙 펴고 턱을 치켜 들었다.

"너, 지금 어디 가는 거냐?"

경비 아저씨가 무섭게 물었다.

"친구네 집에 가는데요?"

은빈이는 가방끈을 손으로 잡고 몸을 살짝 틀었다. 긴장을 하니 몸이 뒤틀렸다.

"친구가 여기 살아?"

"네, 친구네 집에 숙제하러 가요!"

은빈이는 일부러 큰 소리로 대답했다.

"친구 누구?"

"아저씨가 제 친구들 이름 다 알아요? 102동 1305호예요!"

은빈이는 몸을 휙 틀어 앞으로 걸어갔다.

"너, 거짓말이면 혼날 줄 알아!"

아저씨가 고래고래 소리를 질렀다.

'휴우, 살았다.'

은빈이는 아무렇지도 않은 듯 걸었다. 뒤돌아보지 않고 천천히.

'뒤돌아보면 소금이 된다고 그랬나, 돌이 된다고 그랬나? 어릴 때 교회에서 그런 얘기를 들은 거 같은데. 아, 교회가 아닌가? 전래동화인가?'

뒤를 돌아보니 아저씨가 사라졌다. 은빈이는 전속력으로 달리기 시작했다.

빙글빙글 돌아가는 놀이 기구에 앉아서 휴대폰을 보고 있던 승현이는 누군가 마구 뛰어오는 느낌에 앞을 바라보았다. 은빈이는 승현이 바로 앞에 와서야 멈춰 서서 숨을 헉헉댔다.

"아저씨…… 아저씨한테 걸렸어……. 나 거짓말…… 102동 간다고 거짓말……했어."

승현이는 바닥에 내려 놨던 가방을 서둘러 맸다.

"아씨, 망했네. 오늘은 안 되겠다. 나가자."

승현이가 은빈이의 손을 잡아 끌었다. 은빈이의 발걸음이 갑자기 늘어졌다.

"야, 기죽지 마. 우리가 뭐 죄졌냐? 괜찮아, 숨 쉬어. 당당하게 나가는 거야. 쳇, 진짜 웃겨."

승현이는 은빈이의 손을 잡고 아파트 입구까지 나갔다. 입구 경비실에 서 있던 아저씨는 단지로 들어오는 자동차의 운전자에게 뭔가를 묻고 있었다.

"어디로 가신다고요? 예, 예. 여기 출입증을 받아야 해요."

아저씨가 다른 일로 바빠서 다행이었다. 아파트를 벗어나 새로 생긴 편의점까지 가는 동안 둘은 아무 말도 하지 않았다.

"재수 없어."

승현이가 컵라면 뚜껑에 젓가락을 끼우며 툭 뱉었다.

"그래도 경비 아저씨한테 그런 말…… 해도 되지 뭐! 아 짜증 나!"

은빈이도 인상을 찌푸리며 말했다.

"재수 없지 않냐? 우리가 무슨 죄졌어? 대체 왜 거길 못 들어가게 하는 거야? 길은 다 막아 놓고. 안 그래도 동네가 오래돼서 놀 데도 없구만."

"그러니까. 짜증나 짜증나."

은빈이가 젓가락으로 컵라면 그릇을 탁탁탁 때렸다.

"야, 그릇 뚫리겠다."

승현이의 말에 은빈이가 깔깔대며 웃었다.

"그래서 또 걸렸어?"

조금 전에 온 가원이가 가방을 멘 채로 서서 말했다.

"어, 그 아저씨만 그래."

"그 아저씨가 젤 나빠."

승현이와 은빈이가 젓가락을 바삐 움직이며 대답했다.

"야, 그런데 진짜 웃긴 게 뭔지 알아?"

가원이가 의자에 앉더니 아이들 앞으로 몸을 쭉 내밀며 테이블 위에 얼굴을 턱 올려놨다.

"뭔데?"

"어른들이랑 가면 안 잡더라?"

"헐."

"알아. 난 알고 있었지."

승현이는 모든 걸 안다는 표정을 지으며 열심히 라면을 입으로 가져갔다.

"지난번에 아빠랑 자전거 끌고 지나갔거든. 거기로 가야 개천으로 빨리 갈 수 있잖아. 그런데 아빠랑 가니까 아무 말도 안 하더라. 그날 그 아저씨가 있었거든. 그러니까 애들만 잡는 거야. 우습게 보고 말이야."

"진짜 초록아파트 경비 아저씨, 짜증이야."

그렇게 승현이와 은빈이, 가원이가 열을 내고 있는데 딸랑 종소리가 났다. 하영이였다.

아이들 앞에 선 하영이가 셋의 표정을 가만히 살폈다.

"걸렸구만."

"아, 짜증나."

은빈이가 발을 동동 굴렀다.

"그것도 아주 제대로 걸렸구나?"

하영이의 물음에 은빈이가 대답 대신 라면 국물을 다 마셨다.

"맛있냐?"

"어!"

"열나 뛰었을 테니 겁나 맛있겠지."

하영이가 씩 웃었다. 아이들은 허리를 잡고 깔깔거렸다.

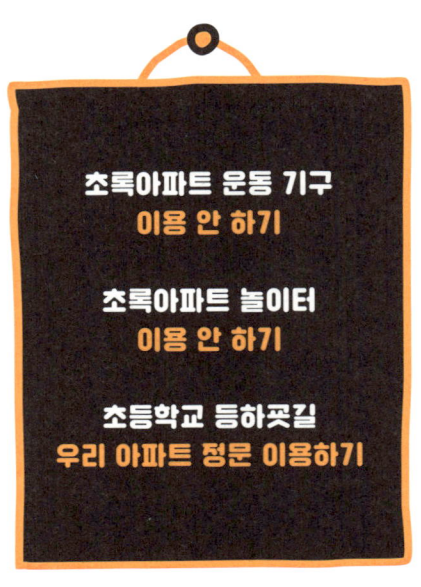

노랑아파트의 후문에 걸려 있는 팻말이다. 노랑아파트 입주자 대표 회의가 만든 협조 사항 안내문이라고 했다. 노랑아파트는 1995년에 지었다. 은빈, 승현, 가원, 하영이가 태어나기 한참 전이다. 그리고 작년에 초록아파트가 지어졌다. 초록아파트는 새로 지은 아파트라 벽도, 엘리베이터도, 현관도 모두 달랐다. 새것이니 더 반짝반짝했다.

노랑아파트는 단지가 커서 정문을 거쳐 학교로 돌아오려면 한참을 빙 돌아와야 했다. 초록아파트가 지어지기 전엔 노랑아파트의 후문을 통해 학교로 쉽게 올 수 있었다.

그러나 초록아파트가 들어

은빈, 하영, 가원, 승현이는 학교 유네스코 동아리에서 활동한다. 승현이는 작년에도 유네스코 동아리였는데, 동아리 활동을 하면서 마주르카 같은 러시아 인형도 만들고 외국 문화를 알아보는 수업도 했다. 은빈이와 가원이는 두 자리가 남은 동아리가 이것밖에 없어서 들어왔고 하영이는 딱히 맘에 드는 다른 동아리가 없어서 유네스코 동아리에 가입했다. 그러던 어느 날, 유네스코 동아리 선생님이 지구나눔연구소라는 곳에서 하는 프로젝트에 참여해 보지 않겠느냐고 물었다.

"그게 뭔데요?"

"지속가능발전에 대해서 연구하는 거야. 말이 어렵지?"

"지속가능발전이 뭐예요? 환경 보호 같은 건가?"

"그래, 환경 보호처럼 우리가 다 같이 오랫동안 잘살 수 있는 방법을 연구하는 거야."

"초딩도 해요?"

"그럼. 우리 마을의 문제점을 찾아보고, 같이 잘 살 수 있는 방법을 어린이의 시선으로 알아보는 거야. 어렵지 않아."

"어떻게 해야 하는데요?"

"같이 다니면서 조사하고, 수원에 가서 수업도 듣고."

"공부해요?"

"물론 공부도 해야지. 하지만 누가 하라고 정해 주는 주제를 가지고 공부하는 게 아니고 너희가 필요한 걸 하니까 학교 수업보다는 재미있을걸?"

선생님이 눈을 반짝이며 말했다.

"하자, 하자."

승현이가 친구들을 부추겼다.

은빈이도 고개를 끄덕였다. 가원이가 은빈이를 쳐다봤다.

"할 거야?"

은빈이의 말에 가원이가 말없이 고개를 끄덕였다.

은빈이가 한다니 가원이도, 승현이가 한다니 하영이도 고개를 끄덕였다.

선생님과 지구나눔연구소에 가 보니 언니, 오빠들이 많았다. 언니, 오빠들 사이에 끼어 있으니 의젓해진 듯한 기분이 들었다. 다른 초등학교 팀은 6학년이어서 은빈이와 가원이, 승현이와 하영이가 제일 어렸다. 넷은 팀 이름을 짓고 연구소 선생님들의 이야기를 열심히 들었다.

"무슨 말인지 잘 모르겠어."

"그래도 좋다. 같이 이런 데도 와 보고."

"그지, 그지?"

아이들은 즐거워했다. 하지만 좋아서 폴짝거리던 것도 잠시, 곧 멍 하니 앉아 있었다. 연구 주제를 정해서 1년 동안 조사 활동을 하고 결과물을 발표해야 한다는데, 연구 주제라는 말부터가 너무 어려웠다.

"지속가능발전이 뭐라고 그랬지?"

서화진 샘이 작은 안경알 너머로 눈을 반짝이며 물었다. 아이들은 서 샘만 바라보고 있었다.

"있잖아. 우리 마을의 문제점이 뭔지 찾아내면 될 거 같아. 올해 연구 주제가 지역과 지속가능발전이거든. 쉽게 말하자면, 우리 마을에서 우리가 오래오래 같이 잘 살 수 있는 것을 방해하는 문제를 찾아보는 거야."

선생님이 아이들과 하나하나 눈을 마주치며 설명했다.

아이들은 잠시 침묵했다. 서로 눈치를 살피며 먼저 말하라고 옆구리를 쿡쿡 찔렀다.

"우리 동네에는 놀 데가 없어요. 너무 옛날 동네예요."

승현이가 말했다.

"동네 놀이터도 다 별로예요. 오래됐고요. 그리고 무서운 언니,

오빠들도 많아요. 담배도 피우고요."

"지저분해요."

"그렇구나. 너희도 아직 놀이터에서 노는 게 좋지?"

"당연하죠. 사실 게임 같은 거보다 놀이터에서 노는 게 훨씬 좋아요. 근데 놀 데가 없다니까요. 초록아파트 놀이터는 좋은데……."

가원이의 말을 들은 선생님의 표정이 갑자기 환해졌다.

"아, 그래서 너희가 초록아파트에 가려고 하는 거구나?"

"길이 빠르기도 하지만 거기 놀이터가 좋아요. 새것이라서."

"노랑아파트 놀이터는 너무 오래됐어요."

"초록아파트 놀이터에는 색다른 게 있어?"

"뭐 대단히 색다르진 않지만, 새거니까 예전 놀이터에 없던 게 있죠."

"그렇겠구나."

선생님이 고개를 끄덕이며 말했다.

"그럼, 우리 연구 주제는 뭘로 하면 좋을까?"

선생님이 다시 주제 얘기를 꺼내자 아이들은 조용해졌다.

그때, 은빈이가 갑자기 손을 번쩍 들었다.

"초록 문이요."

"초록 문? 그게 뭔데?"

"초록아파트로 들어가는 문이요."

하영이가 설명을 보탰다.

"아, 너희 그리로 못 다니지?"

화진 샘이 이미 들어 봤다는 듯이 물었다.

"그게요, 진짜 억울한데요. 그

초록아파트가 생기기 전에는 노랑아파트 후문으로 잘만 다녔거든요. 근데 지금은 초록아파트 아저씨들이 우리를 잡아요. 거기로 다니지 말래요."

"경비 아저씨가 잡아?"

"네, 은빈이는 며칠 전에도 걸렸어요. 그래서 거짓말하고 나왔어요."

"그런데요, 진짜 웃긴 게 뭐냐면요. 어른들이랑 다니면 안 잡아요."

"그래?"

"네, 제가 직접 겪었는데 아빠랑 같이 가면 안 잡아요. 엄마랑 같이 가도 안 잡아요. 우리끼리 다니면 막 잡고 소리 질러요."

"무서웠니?"

"무섭죠. 무서운 것도 무서운 거지만…… 짜증나요."

"뭐가 그렇게 짜증이 나?"

"선생님, 생각해 보세요. 거기 문만 열려 있으면 학교도 빨리 올 수 있고요. 그리고 노랑아파트나 초록아파트나 다 친구들이 산단 말이에요. 근데 검사 받고 들어가야 되잖아요. 버스 정류장도 거기로 다니면 훨씬 편한데요. 놀이터도 그렇고."

"들어오지 말라니까 가기 싫어졌어요. 불편한데. 불편해도 어쩔 수 없어요."

하영이가 풀 죽은 소리로 대답했다.

그때, 갑자기 화진 샘이 짝 하고 박수를 쳤다.

"그걸 주제로 하자. 너희가 문제라고 생각하고 있는데, 우리는 왜 그런 일이 생겼는지 잘 모르잖아. 이보다 더 좋은 주제가 어디 있어?"

"그런가?"

"그럼 뭐 조사해요?"

"글쎄, 뭘 조사하면 좋을까? 너희가 한번 생각해 볼래?"

유코레인저는 초록 문을 주제로 삼고, 지구나눔연구소에서 배운 대로 연구 활동을 잘 정리하기 위해 설문 조사, 인터뷰, 인포그래픽을 활용하기로 했다. 먼저, 커다란 도화지를 펼쳐 놓고 가운데 선을 그었다. 그리고 맨 위에 '초록아파트와 노랑아파트 사람들이 서로 다른 아파트에 들어간 것이 잘못되었다고 생각하나요?'라고 적었다.

스티커는 '아니요'에 더 많았다. '예, 잘못되었다고 생각합니다'라고 생각한 친구는 열 명, '아니오, 잘못되지 않았다고 생각합니다'라고 생각한 친구는 팔십 명이나 되었다.

"그 봐. 우리만 그런 게 아니었어."

유코레인저는 동네 어른들도 그렇게 생각하는지 궁금해졌다. 하지만 어른들과 이야기를 나누려니 두려웠다. 경비 아저씨처럼 윽박지르고 소리치면 아무 말도 할 수 없을 것 같았다. 아이들은 다시 화진 샘에게 도움을 요청했다.

"선생님, 저희가…… 어른들을 인터뷰하고 싶은데요."

"오, 정말 좋은 생각이야."

"그런데요…… 좀 겁나서요. 어떻게 하는지도 모르겠고……."

"그래그래, 그런데?"

"도와주세요."

"어떻게 도와주면 될까?"

"어…… 그러니까……."

유코레인저는 서로를 바라보며 말을 더듬었다.

"선생님이 도와줄게. 그러니까 내가 뭘 도와주면 좋을지 생각해 봐."

선생님의 말에 하영이가 킥 하고 웃었다.

"하영이 왜 웃어?"

"맨날 생각하라고 그러셔서요."

하영이의 말에 모두 크게 웃었다.

방과 후, 선생님과 아이들이 학교 밖으로 함께 나섰다. 선생님도 인터뷰를 많이 해 보지 않아서 쑥스러웠다.

"얘들아, 선생님도 인터뷰를 전문적으로 하는 사람이 아니라서 잘 못할 수도 있어. 그래도 너희 비웃고 그러기 없다?"

화진 샘의 말에 아이들이 헤헤거리며 웃었다.

아이들은 어미 닭을 따라가는 봄날의 병아리처럼 선생님을 졸졸졸 따라갔다.

"안녕하세요?"

화진 샘이 정육점으로 들어가서 계산대에 서 있는 주인아줌마에게 인사를 했다. 아이들은 선생님 뒤로 숨었다가 용기를 내어 옆으로 섰다.

"저는 여기 초등학교 교사고요, 얘들은 저희 아이들인데요. 저희가 마을에 대해서 조사를 좀 하고 있어요. 어머니께 몇 가지 여쭤 보고 싶은데 아이들이…… 저희 애들이 처음이라 쑥스러워 해서 제가 대신 좀 여쭤 보려고요."

선생님은 초록아파트와 노랑아파트 사이 초록 문에 대해서 어떻게 생각하시느냐 물었다. 아주머니는 아이들을 보더니 싱글싱글 웃으며 대답을 시원시원하게 잘 해 주었다. 유코레인저와 화진 샘은 길을 따라 늘어선 가게마다 들어가 인사를 했다. 세 번째 가게부터는 아이들이 인사를 했고 네 번째 가게부터는 아이들이 질문을 했다. 더듬거렸지만 가게 몇 개를 지나자 선생님은 뒤로 물러나고 아이들이 앞장섰다. 어른들은 생각보다 친절하게 대답해 주었다.

수요일은 수업이 일찍 끝나는 날이라 초록아파트 놀이터에 가 봤다. 아기를 데리고 나온 아줌마들이 많았다. 선생님이 자연스럽게 말을 걸며 설문 조사를 하고 있다고 말하고 질문을 했다.

"애들이 시끄럽게 구니까 싫어하죠."

한 아줌마가 툭 내뱉었다.

"여기 막 돌 던지는 애들도 있어요. 이렇게 어린아이들 노는 데서 말이에요."

옆에 앉은 아줌마가 아기를 안아 올리며 말했다.

"그리고 쓰레기 버리는 문제도 있을 거예요."

"아, 아이들이 놀이터에 쓰레기를 많이 버리나요?"

어떤 아줌마의 말에 선생님이 두 손을 맞잡으며 공손히 물었다.

"과자나 아이스크림을 먹고 쓰레기를 막 버리고 가잖아요. 우리 아파트엔 초등학생이 별로 없어서 우리 애들은 아닐 거예요."

"노랑아파트 주민들이 여기다가 일부러 쓰레기 버리는 일도 있다던데?"

무슨 일인가 하며 다가온 아줌마가 말했다.

유코레인저 아이들은 마치 야단을 맞는 기분이었다.

"그럼, 쓰레기통이 가까이에 없나요?"

선생님이 아줌마들에게 다시 물었다.

"어머, 자기 쓰레기는 자기가 챙겨서 다녀야죠. 비닐봉투 들고 다니게 교육 시키세요. 요새 학교에선 그런 것도 안 가르쳐요? 저희는 다 봉투 들고 다녀요."

아기를 안아 올리던 아줌마가 새침하게 말했다.

아이들은 벌 받는 것처럼 고개를 푹 숙였다. 화진 샘이 웃는 얼

굴로 인사를 하고 모두 놀이터를 빠져나왔다.

"속상하다, 그치?"

선생님이 아이들에게 말을 걸었지만 아무도 대답하지 않았다.

승현이는 울고 싶은 심정이었다.

'못됐어.'

아이들은 프로젝트고 뭐고 다 집어치우고 싶었다.

'정말 우리가 쓰레기를 그렇게 많이 버리는 걸까? 우리 친구들이?'

아이들은 의욕을 상실했다.

그 후부터 아이들은 선생님을 슬슬 피했다. 지난 번 놀이터에서 너무 부끄러웠기 때문이었다.

그렇게 한 달이 지났다. 아이들과 선생님 모두 슬슬 걱정이 되기 시작하던 때, 승현이가 용기를 냈다.

"이렇게 포기하려니 왠지 슬퍼. 우리 다시 해 보자."

"그래, 이렇게 포기할 순 없어."

아이들이 다시 모였다.

유코레인저는 유네스코 동아리 교실에서 다시 머리를 맞대고 계획을 짰다.

"생각을 해, 생각을."

화진 샘은 언제나처럼 아이들에게 생각하라고 말했고, 아이들은 선생님 말투를 따라하며 웃었다.

아이들은 초록아파트의 쓰레기통과 노랑아파트의 쓰레기통을 비교해 보기로 했다. 어디가 더 더러운지, 어디가 쓰레기가 더 많은지도 조사하기로 했다. 그리고 초록아파트 경비 아저씨를 인터뷰하기로 했다. 그게 최종 미션, 아니 가장 어려운 미션이었다. 특히, 아이들에게 소리를 지르며 나가라고 했던 그 아저씨를 인터뷰하는 데 성공한다면, 그래서 초록 문을 드나들지 못하게 하는 정확한 이유를 알 수 있다면 유코레인저의 프로젝트는 대성공인 것이다!

유코레인저는 일단 두 아파트의 쓰레기통과 재활용 수거함이 어디 있는지 조사했다. 쓰레기통과 재활용 수거함이 놀이터에서 얼마나 떨어져 있는지 알기 위해 발자국 수를 세었다. 어느 곳은 서른 발자국, 어느 곳은 스무 발자국이었다. 유코레인저는 두 아파트에 사는 아이들에게 재활용 수거함과 쓰레기통이 어디 있느냐고 물었다. 뜻밖에도 모르는 아이들이 더 많았다.

"왜 몰라?"

"그냥."

"그럼 넌 쓰레기 어디다 버려?"

유코레인저의 질문에 친구들은 답을 하지 못했다.

'혹시 친구들이 아무데나 쓰레기를 버리는 건 아닐까?'

유코레인저는 놀이터를 편하게 쓰기 위해서 쓰레기 문제를 해결해야겠다고 생각했다.

유코레인저 아이들은 '쓰레기는 쓰레기통에'라는 글자를 커다란 판지에 적어 들고 선생님을 찾아갔다.

"선생님, 이거 어때요? 쓰레기를 버리지 말자는 캠페인을 해 보려고요."

아이들의 말에 선생님은 무언가를 생각하는 듯했다.

"음…… 그보다는 사람들의 의견도 같이 들어 보면 어떨까? 어차피 밖에 나가서 서 있을 건데, 그것보다는 만나는 사람들이랑 이야기도 나눌 수 있으면 더 좋을 것 같지 않아?"

선생님이 환하게 웃으며 말했다. 아이들을 설득할 때 짓는 표정이었다.

"아, 그러네요!"

아이들은 캠페인 판과 스티커를 붙일 수 있는 판을 들고 길을 나섰다. 사람들이 앉아 있으면 스티커 판을 들고 가서 질문을 하고 스티커를 붙여 달라고 했다. 질문은 '자신이 사는 아파트에 쓰레기통이 필요하다고 생각하시나요?'였다. 사람들의 의견은 다양했다. 쓰레기통이 필요하다는 의견도 있었고, 쓰레기통이 있으면 그 주변이 더 더러워진다는 의견도 있었다. 모두 생각하는 게 달랐다.

"쓰레기 별로 없어. 그거 그냥 어른들이 하는 얘기야."

초록아파트에 사는 예은이가 말했다.

"나는 노랑아파트에도 잘 가. 거기도 쓰레기 별로 없어. 애들도 그렇게 쓰레기 많이 안 버려. 우리 엄마가 그러는데 어른들은 초

쓰레기통에 관한 설문 조사

록아파트랑 노랑아파트를 구분하는 거에 별 관심 없더라. 그냥 그렇대. 나도 예전처럼 친구들이랑 다 같이 놀면 좋겠어. 애들이 초록아파트로 놀러 오지 못하니까 내가 노랑아파트나 나무아파트로 가서 놀아야 해. 짜증난다고. 내 친구들이 놀러오지도 못하는 집이 무슨 소용이람. 이럴 줄 알았으면 엄마한테 이사하지 말자고 할걸.”

예은이의 말은 아이들에게 작은 희망이 되었다.

'그래, 모두 같이 편하게 놀면 좋겠어. 들어갈 수 있고 말고를 어른들에게 허락받지 말고 지낼 수 있으면 좋겠어.'

유코레인저 아이들은 초록아파트에 찾아가기 전에 노랑아파트 아저씨들에게 먼저 시험 삼아 인터뷰를 해 보기로 했다. 노랑아파트 경비 아저씨들은 왜 다른 아파트에서 오는 아이들을 잡지 않는지, 아이들이 놀이터를 지저분하게 써서 화가 난 적이 있는지, 쓰레기통을 설치해 줄 수는 없는지 물어보기로 했다.

"선생님, 근데 이게 지속가능발전 연구 맞아요?"

가원이가 물었다.

"처음에 선생님이 지속가능발전이 뭐라고 그랬지?"

"다 같이 오래오래 잘 살 수 있는 방법을 찾는 거라고요."

"그래, 지속가능발전은 환경 보호 문제만 얘기하는 게 아냐. 지속가능발전에는 여러 가지가 있어. 가난해서 밥을 굶는 사람이 없게 하는 것, 남자와 여자가 평등하게 살아갈 수 있도록 하는 것, 건강하게 잘 살 수 있는 환경을 만드는 것, 건강한 마음으로 살 수 있도록 하는 것, 모두가 교육을 받을 수 있게 하는 것, 도시와 마을이 모두 사이좋게 잘 살아갈 수 있는 것들도 포함되지. 이렇게 지속가능발전에는 여러 가지 목표가 있단다. 우리 동네의 문제점을 찾아내고 그 문제를 해결해서 더 좋은 마을을 만들려고 노력하는 것도 그중 하나야. 언젠가 살다가 떠나 버릴 곳이라고 생각하지 말고, 문제점을 찾아 해결해서 지금 사는 곳을 더 좋게 만드는 일 말이야. 그러면 나도 살기 좋아지고, 함께 살아가는 주민들도 행복해지고, 앞으로 이곳에 살 사람들도 편해질 수 있으니까. 그러니 너희들이 초록 문을 통과하지 못해서 학교를 빙 둘러 오는 것 같은 문제를 해결하는 것도 지속가능발전의 목표이기도 해."

"아……."

아이들은 고개를 끄덕이고는 열심히 질문지를 만들었다. 그러고는 승현이가 준비한 사탕을 가지고 노랑아파트의 경비 아저씨를 찾아갔다.

경비 아저씨들은 아이들이 놀이터에 쓰레기를 많이 버리는 편은 아니며, 꼭 초등학생만 쓰레기를 버리는 것도 아니라고 했다. 쓰레기통을 설치하는 건 경비 아저씨나 관리 사무소에서 결정할 수 있는 문제가 아니고, 노랑아파트는 워낙 사는 사람이 많아서 다른 데서 오는 사람을 일일이 단속할 수도 없으며, 그런 이야기가 나온 적도 없다고 했다. 아마 다른 데 사는 사람을 잡거나 내보내는 것은 그 아파트에 사는 주민들이 원해서 그런 것일 텐데 그걸 경비 아저씨들이 옳다 그르다 말할 수는 없다고 했다.

유코레인저는 인터뷰에 응해 준 아저씨께 감사의 인사를 드리고 경비실에서 나왔다.

> 단속을 하는 건 주민이 그렇게 하길 원해서 그러는 걸 거야.

"선생님, 경비 아저씨의 말을 들으니 궁금해졌어요. 초록아파트 아저씨들이 다른 아파트에 사는 아이들을 못 들어오게 하는 것도 초록아파트 주민들이 결정한 걸 그대로 따라야 해서 그런 게 아닐까요?"

"선생님, 그럼 초록아파트 사람들 모두가 우리를 싫어한다는 얘기예요?"

아이들은 궁금했다.

"모두는 아니겠지. 너희도 학교에서 초록아파트에 사는 애들하고 얘기해 봤다며."

"네. 안 들어오는 게 맞다는 아이도 있고, 못 들어오게 하는 게 싫다는 아이도 있었어요."

"어땠어? 반대하는 아이가 더 많았어?"

아이들이 머뭇거렸다.

"네, 어른들하고 생각이 비슷했어요."

"그럼, 이제 어떻게 해야 할까?"

"아까 노랑아파트 경비 아저씨가 그러셨잖아요. 관리 사무소에서는 아파트 사람들이 결정한 대로 따르는 거라고요. 그러니까 초록아파트 사람들의 의견을 알아보려면 초록아파트 관리 사무소에 가서 물으면 될 것 같아요."

"네, 관리 사무소에 찾아가서 사람들이 초록 문을 막으라고 했는지 물어볼게요."

유코레인저의 이야기를 들으며 선생님이 흐뭇하게 웃으셨다.

"이제 다 알았네? 선생님도 그렇게 생각했어. 우리 같은 생각을 했구나. 그럼 언제 초록아파트 관리 사무소에 가 볼까?"

유코레인저는 일주일 뒤 초록아파트 관리 사무소를 방문했다. 선생님이랑 같이 가니 어린아이라고 무시하지 않는 것 같았다.

선생님은 한 발 뒤에 서고 아이들이 직접 질문을 하기로 했는데, 은빈이와 가원이는 너무 무서워서 입을 떼지 못했다. 화내고 소리 지르던 경비 아저씨가 불쑥 들어올 것만 같았다.

"이 아파트 후문하고 노랑아파트 후문이 연결되어 있어서요. 예전엔 아이들이 그 후문으로 학교를 다녔고 동네 주민들도 그쪽으로 다녀야 버스 정류장이 훨씬 가깝거든요. 그런데 초록아파트에 입주가 시작되고부터 아이들이 지나가면 경비 아저씨가 잡는다고 하더라고요."

선생님이 아이들을 대신해서 말했다.

"그럴 리가 없을 텐데요. 우리가 여기에 사는 애들인지 다른 데 사는 애들인지 어떻게 알아요?"

관리소장 아저씨는 선생님의 말을 듣고는 뒷짐을 지고 서서 말했다.

"그렇군요. 그런데 여기 이 아이들도 겪은 적이 있다고 하네요. 경비 아저씨가 막 소리쳐서 무서웠다고요."

"그건 잘 모르겠습니다. 아마 그…… 아이들이 와서 기물을 파손하고 소란스럽게 하고 그러니까 야단을 좀 쳤을 수도……."

"경비 아저씨가 이 새끼라고 욕도 했어요."

승현이가 눈을 동그랗게 뜨고 얘기했다.

관리소장 아저씨가 승현이를 가만히 바라봤다.

"그…… 선생님도 아시다시피 저희는 뭘 결정할 권한이 없어요. 의견을 주시면 저희가 동 대표 회의나 주민 대표 회의에 전달은 해 보겠습니다. 제가 알기로는 노랑아파트 주민들하고 초록아파트 주민들하고 회의를 했던 걸로 알아요. 서로 통로를 막지 말자고 했던 것 같은데요. 그런데 여기 사는 주민이 경비원들에게 다른 아파트 사람들을 들이지 말라고 막 야단을 하면, 경비원들 입장에서도 어쩔 수가 없단 말이죠."

아저씨는 아이들을 한 번 바라보고 다시 이야기를 이어 갔다.

"아무튼 초록 문을 이용하지 못하게 하라고 따로 지침 받은 건 없습니다. 외부인 출입을 통제하라거나, 노랑아파트 아이들을 못 들어오게 하라거나 하는 내용으로 주민 대표 회의에서 결정 난 건 없어요."

"네, 알겠습니다. 고맙습니다."

선생님과 아이들은 관리소장 아저씨에게 인사를 하고 관리 사무소를 나왔다.

며칠 후, 예상치 못한 일이 벌어졌다.

초록아파트에서 더 이상 아이들을 잡지 않았다. 아이들 사이에 소문이 나기 시작했고 경비 아저씨가 소리도 안 지르더라는 얘기가 돌았다. 소문을 들은 유코레인저는 직접 초록 문으로 가 보았다.

"이게 뭐지?"

아이들은 어리둥절했다.

문의 색깔이 달라져 있었다. 초록색 대신 비둘기색으로 새로 칠해진 문이 활짝 열려 있었다.

'어떻게 하겠다는 얘기도 없이, 그냥 이렇게 변할 수 있는 걸까?'

'우리는 별거 아닌 일에 매일 도망을 다닌 건가?'

유코레인저는 왠지 허무했다.

"뭔가 극적인 결말을 기대했는데……."

승현이가 화진 샘에게 말했다.

"어떤?"

"우리 때문에 초록 문이 열리는 거죠. 유코레인저 덕분에."

"그래서 애들이 우리에게 고마워하는 거죠. '누나 누나, 누나들 덕분이야'라고 동생이 얘기하고."

가원이와 은빈이도 말했다.

"그래도 너희가 원하는 건 이루어졌네. 그치?"

선생님은 얼굴 가득 웃음을 담고 아이들을 바라보았다.

"그렇긴 한데, 뭔가 하다 만 느낌이에요."

"괜찮아. 우린 연구를 한 거지, 누구한테 항의를 하려던 건 아니잖아. 우리는 왜 이런 일이 생겼는지 몰랐고, 그래서 알아봤고, 그러다 보니 누군가 우리가 이런 활동을 한다는 걸 알아채서 이런 변화가 온 게 아닐까? 선생님은 그렇게 생각하고 싶은걸?"

"좋긴 해요. 이제 초록 문이 없어졌으니까요. 그 문은 그냥 뭔가 으스스했어요."

"아마 경비 아저씨한테 혼날까 봐 무서워서 그랬을 거예요. 이제는 하나도 안 무서워요."

아이들이 활짝 웃었다.

초록 문은 어느 날 갑자기 사라졌다. 아이들은 새로 칠해진 문을 비둘기 문이라 불렀다. 평화의 상징 비둘기, 그리고 두 아파트를 평화롭게 이어주는 비둘기 문. 아이들은 이제 맘 놓고 비둘기 문을 폴짝폴짝 뛰어넘었다. 동네 아이들의 웃음소리가 비둘기 문을 넘어 아파트 구석구석에 울려 퍼졌다.

인터뷰하기

다양한 사람들을 여러 곳에서 따로 만나야 할 때 좋은 조사 방법이에요.

① 인터뷰할 대상을 정해요. 누구를 만나 무엇을 물어보면 연구에 필요한 대답을 들을 수 있을지 생각해 봐요.

② 인터뷰할 대상에게 얻어 내고 싶은 정보가 무엇인지 정리해요.

③ 그 정보를 얻어 낼 수 있도록 질문을 만들어요. 인터뷰 질문은 주제에 맞게 짧고 명확하면 좋아요. 답변하는 사람이 구체적으로 대답할 수 있도록 예상 답변을 추려 내면 인터뷰 질문지를 잘 만들 수 있어요.

④ 인터뷰할 사람과 약속을 할 때는 시간과 장소를 정확히 정해요. 약속을 정할 때는 내가 가능한 시간과 장소를 세 가지 정도 골라 제시한 후, 상대방이 선택할 수 있도록 하면 더욱 좋아요. 약속 시간에 절대 늦지 말아야 해요.

⑤ 인터뷰할 사람을 만나면 정중히 인사하고 자기소개를 해요.

⑥ 자기소개 후 인터뷰의 목적과 얻어 내고자 하는 정보가 무엇인지 간결하

고 정확하게 설명해요.

❼ 상대방의 대답에 편견을 갖지 말고 경청해요. 상대방의 의견이 내 의견과 다르더라도 설득하거나 강요하면 안 돼요. 인터뷰할 때 나는 듣는 사람이에요.

❽ 이야기를 다 기억할 자신이 없으면 상대방의 양해를 구한 뒤 녹음을 해도 좋아요.

❾ 상대방의 이야기를 잘 듣고 있다는 것을 나타내는 몸짓도 중요해요. 긍정적인 표정, 동의하는 눈빛, 메모하는 모습을 보여 주면 집중하고 있다는 사실을 알릴 수 있어요.

❿ 상대방이 시간을 내어 나에게 도움을 주었다는 걸 잊지 말고 고맙다는 인사를 꼭 하세요.

❿ 인터뷰 내용을 짧은 문장으로 정리해요. 녹음을 했다면 다시 들으면서 요점을 정리하면 돼요.

- 인터뷰를 요청해서 질문을 하고 이야기를 듣는 사람을 인터뷰어(interviewer), 인터뷰를 수락하고 인터뷰에 응하는 사람을 인터뷰이(interviewee)라고 해요.